Research on the Discourse System
of National Security Governance
in the New Era

新时代
国家安全治理
话语体系研究

谢波 著

清华大学出版社
北京

本书封面贴有清华大学出版社防伪标签，无标签者不得销售。

版权所有，侵权必究。举报：010-62782989，beiqinquan@tup.tsinghua.edu.cn。

图书在版编目（CIP）数据

新时代国家安全治理话语体系研究 / 谢波著 .
北京 : 清华大学出版社, 2024. 8. -- ISBN 978-7-302
-66172-6

Ⅰ . D631

中国国家版本馆 CIP 数据核字第 2024E44N55 号

责任编辑：刘　晶
封面设计：徐　超
版式设计：方加青
责任校对：宋玉莲
责任印制：杨　艳

出版发行：清华大学出版社
　　　　　网　　　址：https://www.tup.com.cn，https://www.wqxuetang.com
　　　　　地　　　址：北京清华大学学研大厦 A 座　　邮　　编：100084
　　　　　社 总 机：010-83470000　　　　　　　　　　邮　　购：010-62786544
　　　　　投稿与读者服务：010-62776969，c-service@tup.tsinghua.edu.cn
　　　　　质 量 反 馈：010-62772015，zhiliang@tup.tsinghua.edu.cn
印 装 者：涿州汇美亿浓印刷有限公司
经　　销：全国新华书店
开　　本：170mm×240mm　　　印　　张：14.75　　　字　　数：201 千字
版　　次：2024 年 8 月第 1 版　　印　　次：2024 年 8 月第 1 次印刷
定　　价：128.00 元

产品编号：105917-01

本书为 2021 年国家社科基金中国历史研究院重大历史问题研究招标项目（编号：LSYZD21009）阶段性成果。

序

谢波博士是我就读博士期间志趣相投、无话不谈的同窗好友。他的新作《新时代国家安全治理话语体系研究》即将付梓之际，嘱我为之作序，我替他高兴之余有些诧异，甚至难为情！毕竟深知自己不是名人、大家抑或学界名流，不但无法给作品带来名人效应的助推力，还恐怕肆意"舞文弄墨"使佳作有"遗珠"之憾。于是，我怀着惶恐的心情反问道："我，寂寂无名之辈！为您的大作作序合适吗？如果不嫌弃，我倒是愿意尽兄弟之情、同窗之谊，为您效劳。"对此，谢波博士回复道："毫不在意！甚至有些期许！"这使我信心稍增。

允诺之后，我便认真地拜读了全书，细细品味，感慨颇深。我认为本书是解读、阐释新时代"总体国家安全观"理论的创新力作、代表性成果。其特色和价值可以概括为以下两点。

第一，既有历史的纵深，又有视野的宽广，更有理论的宏阔。本书是对党的十八大以来习近平总书记有关新时代国家安全治理话语体系，尤其是总体国家安全观理论的系统阐释与深入研究，从历史、现实和未来的维度揭示了国家安全是安邦定国的重要基石、民族复兴的根基。"总体国家安全观"是习近平新时代中国特色社会主义思想的重要内容，本书中的"六论"（"道路论""统筹论""发展论""历史论""法治论""保障论"）较为系统全面地反映了总体国家安全观不断丰富发展的基本脉络、历史逻辑、时代内涵和现实意义。纵览全书，既有对中国共产党国家安全工作"百年经验"的总结，也有对"人类命运共同体"共同安全的深入思考，其中对构建大安全格局的理论阐释具有重要的意义。

第二，与时俱进地阐述了"总体国家安全观"的理论体系。通览全书，作者胸怀"国之大者"，至少在十个方面对总体国家安全观的相关命题进行了与时俱进的理论阐释。

一是，如何从历史、现实和未来的维度把握国家安全是安邦定国的重要基石、民族复兴的根基。

二是，如何把握总体国家安全观丰富和发展的规律特点。

三是，如何坚持党对国家安全工作的绝对领导。

四是，如何理解中国特色国家安全道路。

五是，如何坚持政治安全、人民安全、国家利益至上有机统一。

六是，如何理解发展和安全的辩证关系，包括对统筹发展和安全、安全发展理念、以新安全格局保障新发展格局等的理解。

七是，如何统筹传统安全和非传统安全。

八是，如何推进国家安全体系和能力现代化。

九是，如何坚持底线思维，防范化解重大风险。

十是，如何推动树立共同、综合、合作、可持续的全球安全观。

据悉，这些理论成果有的已在中国理论网、光明网、中国社会科学网等国家级重要融媒体上发布，在学界产生了广泛影响，并广受好评。

最后，我要由衷地感谢谢波博士，他感念同窗之谊，愿将最新的学术成果予我"一睹芳容"，使我获益匪浅，增长了新知。同时，我也十分感佩谢波兄出色的学术创造力，特别是在跨学科知识的运用、创作、创新方面尤为突出。从其精致的历史学著作《宋代归明人法制研究》（辽宁民族出版社2014年版）到极具创新的现实问题研究著作《改革进程中的刑事诉讼程序与证据问题研究：基于警察的视角》（中国人民公安大学出版社2019年版），再到与时俱进、宏大视野的理论拓展著作《新时代国家安全治理话语体系研究》，谢波兄在史学与法学、历史与现实、实证与理论之间总能驾轻就熟、举重若轻般取得新的成果、开拓新的领域，让我看到一个底蕴深厚、文笔灿然、才情俱佳、思维敏锐、勇于攀登、善于革新的学术达人正在款款走来。期待不久的将来，他有更多的精品佳作问世。

王振刚
2023 年 12 月 5 日于昆明滇池之畔

法律法规全称简称对照表

《中华人民共和国宪法》——《宪法》

《中华人民共和国国家安全法》——《国家安全法》

《中华人民共和国网络安全法》——《网络安全法》

《中华人民共和国生物安全法》——《生物安全法》

《中华人民共和国反间谍法》——《反间谍法》

《中华人民共和国数据安全法》——《数据安全法》

《中华人民共和国个人信息保护法》——《个人信息保护法》

《中华人民共和国外商投资法》——《外商投资法》

《中华人民共和国国家情报法》——《国家情报法》

《中华人民共和国反恐怖主义法》——《反恐怖主义法》

《中华人民共和国核安全法》——《核安全法》

《中华人民共和国香港特别行政区维护国家安全法》——《维护国家安全法》

《中华人民共和国出口管制法》——《出口管制法》

《中华人民共和国反外国制裁法》——《反外国制裁法》

《中华人民共和国国防交通法》——《国防交通法》

《中华人民共和国境外非政府组织境内活动管理法》——《境外非政府组织境内活动管理法》

《中华人民共和国对外关系法》——《对外关系法》

《中华人民共和国国防教育法》——《国防教育法》

目　录

引言 ·· 1

第一章　新时代国家安全治理话语体系的"道路论" ········· 5

第一节　坚持中国特色国家安全道路 ··························· 6
一、中国特色国家安全道路是以总体国家安全观为指导的科学道路 ··· 7
二、中国特色国家安全道路是立足国情、体现新时代特征的中国道路 ··· 8
三、中国特色国家安全道路是坚持系统思维和法治思维的实践道路 ··· 9

第二节　深刻认识新时代国家安全的"中国道路" ··········· 11
一、国家安全"中国道路"是科学之路 ······················· 11
二、国家安全"中国道路"是统筹之路 ······················· 12
三、国家安全"中国道路"是治理之路 ······················· 14
四、国家安全"中国道路"是斗争之路 ······················· 16

第三节　构建大安全格局时代意涵的认识维度 ··············· 17
一、在"大安全"与"小安全"的鲜明对比中认识构建大安全格局 ·· 18

　　　　二、在总体国家安全观"总体"的深刻哲理中认识构建大安全
　　　　　　格局 ··· 19
　　　　三、在共同安全、普遍安全的人类安危福祉中认识构建大安全
　　　　　　格局 ··· 21
　　第四节　新安全格局对大安全格局的丰富与发展 ······················· 23
　　　　一、由小到大：新时代大安全格局的构建 ························· 24
　　　　二、由大至新：新安全格局的提出及其侧重 ······················ 26
　　　　三、双新共进：推动以新安全格局保障新发展格局 ············ 27

第二章　新时代国家安全治理话语体系的"统筹论" ········ 31

　　第一节　在党的领导下统筹好发展和安全两件大事 ················· 32
　　　　一、新时代党治国理政的一个重大原则 ···························· 33
　　　　二、深刻认识发展和安全的辩证关系 ······························· 35
　　　　三、把安全发展贯穿于新发展阶段国家发展各领域和全过程 ·· 36
　　第二节　把握统筹传统安全和非传统安全的维度 ····················· 38
　　　　一、传统安全威胁和非传统安全威胁相互交织是统筹的基本
　　　　　　前提 ··· 39
　　　　二、总体国家安全观是统筹传统安全和非传统安全的根本
　　　　　　遵循 ··· 41
　　　　三、坚持底线思维防范化解重大风险是统筹传统安全和非传统
　　　　　　安全的重要路径 ·· 42
　　第三节　把握统筹自身安全和共同安全的维度 ························ 44
　　　　一、前提维度：安全问题的联动性、跨国性、多样性更加
　　　　　　突出 ··· 45
　　　　二、目标维度：建设一个持久和平、普遍安全的世界 ·········· 46

　　　　　三、路径维度：共建人类安全共同体……………………… 48

第四节　理解"统筹开放和安全"时代蕴含的维度……………… 50
　　　　　一、在时代话语中把握开放和安全的辩证关系………… 50
　　　　　二、在扩大开放中维护和塑造国家安全………………… 52
　　　　　三、在新发展格局和大安全格局中推进对外开放……… 54

第五节　在维护和塑造的关系中深刻理解塑造国家安全的时代意涵… 56
　　　　　一、在维护和塑造国家安全的辩证关系中正确把握"塑造"… 56
　　　　　二、以理念塑造国家安全，不断丰富发展总体国家安全观… 57
　　　　　三、以制度塑造国家安全，统筹推进国内法治和涉外法治… 58
　　　　　四、以话语塑造国家安全，阐述全球安全观讲好安全故事… 60

第六节　坚持政治安全、人民安全、国家利益至上有机统一的时代意蕴… 61
　　　　　一、核心与保证：政治安全的根本地位…………………… 61
　　　　　二、宗旨与中心：人民安全的人民立场…………………… 63
　　　　　三、要求与原则：国家利益至上的行为准则……………… 65
　　　　　四、方法与路径：统筹政治安全、人民安全、国家利益至上… 66

第三章　新时代国家安全治理话语体系的"发展论"……… 69

第一节　党的二十大报告对总体国家安全观的新发展……………… 70
　　　　　一、对国家安全和社会稳定认识的进一步深化………… 71
　　　　　二、对推进国家安全体系和能力现代化的进一步强调… 71
　　　　　三、对统筹发展和安全重大原则的进一步融贯………… 72
　　　　　四、对国家安全体制、体系、制度机制的进一步系统化… 73

第二节　新发展理念与总体国家安全观的契合点…………………… 74
　　　　　一、创新发展与体系变革：新发展理念与总体国家安全观都追求
　　　　　　　"谋新思变"……………………………………………… 75

二、协调发展与科学统筹：新发展理念与总体国家安全观都追求
"整体协同" ·· 76

三、绿色发展与生态安全：新发展理念与总体国家安全观都追求
"和谐共生" ·· 78

四、开放发展与共同安全：新发展理念与总体国家安全观都追求
"互利共赢" ·· 79

五、共享发展与人民安全：新发展理念与总体国家安全观都追求
"以人民为中心" ·· 80

第三节 把握以新安全格局保障新发展格局的深刻内涵 ·············· 82
一、新安全格局和新发展格局"新"在何处 ······················ 82
二、新安全格局与新发展格局辩证统一 ·························· 84
三、如何以新安全格局保障新发展格局 ·························· 86

第四节 深刻理解夯实国家安全和社会稳定基层基础的时代意义 ······ 88
一、新时代中国特色话语体系中的"基层基础" ·················· 88
二、在国家安全视野下把握基层基础的三个维度 ·················· 89
三、坚持以人民为中心，让基层基础在维护国家安全和
社会稳定中发挥关键作用 ···································· 91

第五节 新时代推进国家安全体系和能力现代化的逻辑 ·············· 93
一、推进国家安全体系和能力现代化的战略逻辑：从战略全局
把握安全 ·· 94
二、推进国家安全体系和能力现代化的制度逻辑：以制度机制
保障安全 ·· 95
三、推进国家安全体系和能力现代化的善治逻辑：凸显善治
精神目标 ·· 98

第六节　国家安全体系和能力现代化是中国式现代化的应有之义……101
　　一、党的领导：中国式现代化与国家安全体系和能力现代化的根本保证…… 102
　　二、以人民为中心：中国式现代化与国家安全体系和能力现代化的目标宗旨…… 103
　　三、统筹协调：中国式现代化与国家安全体系和能力现代化的内容方法…… 104
　　四、和平发展：中国式现代化与国家安全体系和能力现代化的道路选择…… 105

第四章　新时代国家安全治理话语体系的"历史论"…… 107

第一节　中国共产党国家安全工作的"百年经验"……108
　　一、根本原则：党对国家安全工作的绝对领导…… 109
　　二、人民立场：国家安全一切为了人民、一切依靠人民…… 110
　　三、工作方法：统筹兼顾抓好国家安全工作…… 111
　　四、路径选择：既为安全而斗争又为安全求合作…… 112
　　五、底线坚守：坚持维护国家安全的底线思维…… 113
　　六、力量保障：重视国家安全队伍建设…… 114

第二节　贯通维护国家安全历史、现实与未来的光辉文献……116
　　一、《决议》全面回顾在党的领导下维护国家安全的历史…… 116
　　二、《决议》深刻分析新时代维护国家安全的问题和挑战…… 118
　　三、《决议》科学指引开创国家安全工作新局面前行方向…… 120

第三节　中华文明"五个突出特性"蕴含丰富的安全智慧……122
　　一、"突出的连续性"与走中国特色国家安全道路相通…… 122
　　二、"突出的创新性"与开创国家安全工作新局面相合…… 124

三、"突出的统一性"与铸牢中华民族共同体意识相连……125

四、"突出的包容性"与总体国家安全观丰富发展相继……127

五、"突出的和平性"与推动构建人类命运共同体相融……129

第四节 "国之大者"的安全意蕴……131

一、"国之大者"为安全提供历史之鉴：从视"戎""兵"为"国之大事"到国家安全是"头等大事""重要基石"……131

二、"国之大者"为安全提出现实之策：增强忧患意识，做到居安思危……133

第五节 "第二个结合"对国家安全理论创新发展具有重大意义……136

一、大历史观："第二个结合"为国家安全理论创新发展提供理论视野……136

二、中华优秀传统战略文化："第二个结合"为国家安全理论创新发展提供文化资源……138

三、创造性转化和创新性发展："第二个结合"为国家安全理论创新发展提供路径方法……140

第五章 新时代国家安全治理话语体系的"法治论"……143

第一节 习近平法治思想对新时代国家安全法治建设的意义……144

一、习近平法治思想为国家安全法治建设提供了强大的思想武器……145

二、习近平法治思想为国家安全法治建设提供了科学的实践指南……146

三、习近平法治思想为国家安全法治建设提供了深刻的思维方法……148

第二节　习近平法治思想与总体国家安全观的契合点……………150
　　一、党的领导：全面依法治国和国家安全的根本保证………150
　　二、中国道路：全面依法治国和国家安全的道路选择………152
　　三、以人民为中心：全面依法治国和国家安全的根本立场……153
　　四、系统统筹：全面依法治国和国家安全的路径方法………155
　　五、队伍建设：全面依法治国和国家安全的基础保障………156

第三节　运用法治思维维护和塑造新时代国家安全的基本维度………157
　　一、坚持以习近平法治思想为指导维护和塑造国家安全……158
　　二、推进国家安全立法为维护和塑造国家安全提供制度依据…159
　　三、运用法治方式开展斗争维护国家主权、安全和发展利益…160
　　四、加强国家安全队伍建设保障国家安全法治人才供给………162

第四节　完善国家安全法治体系是全面依法治国的题中之义………163
　　一、完善国家安全法治体系的性质：一场深刻革命…………164
　　二、完善国家安全法治体系的作用：固根本、稳预期、
　　　　利长远……………………………………………………166
　　三、完善国家安全法治体系的路径：推进国家安全工作
　　　　法治化……………………………………………………168

第六章　新时代国家安全治理话语体系的"保障论"……171

第一节　在新征程上发扬斗争精神筑牢国家安全屏障………………172
　　一、准确把握国家安全形势变化新特点新趋势………………173
　　二、坚持以总体国家安全观为斗争的思想武器………………174
　　三、充实防范应对风险挑战的法律斗争工具箱………………175
　　四、统筹好发展和安全两件大事统揽伟大斗争………………177

第二节 新时代完善国家安全战略体系的逻辑进路……178
　　一、新时代国家安全战略体系的构建……179
　　二、新时代完善国家安全战略体系的思维方法……181
　　三、把完善国家安全战略体系、政策体系、法治体系同步推进……183

第三节 着眼战略全局把握和维护社会安全……185
　　一、新时代安全稳定话语体系中社会安全的深刻内涵……186
　　二、坚持以社会安全为保障建设更高水平的平安中国……188
　　三、贯彻总体国家安全观切实增强维护社会安全能力……189

第四节 从战略和全局高度加强国家安全教育……191
　　一、深刻认识国家安全教育的重大时代意义……192
　　二、切实推进国家安全教育走深走实走细……193
　　三、不断强化国家安全教育的政策制度保障……196

第五节 认识和把握"极限思维"的维度……198
　　一、在风高浪急和惊涛骇浪的考验中把握"极限思维"……198
　　二、在底线思维和极限思维的关系中把握"极限思维"……200
　　三、在总体国家安全观的丰富发展中把握"极限思维"……202

结语……205

参考文献……212

后记……216

引　言

　　国家治理体系和治理能力现代化是新时代我国的一个重大课题,自2013年11月党的十八届三中全会通过《中共中央关于全面深化改革若干重大问题的决定》提出"推进国家治理体系和治理能力现代化"以来,在政策话语层面逐步形成了系统完整的国家治理话语体系,其中尤以安全治理话语体系为要。2014年4月15日,习近平总书记在中央国家安全委员会第一次会议上创造性提出总体国家安全观,总体国家安全观成为新时代国家安全工作的根本遵循和行动指南。总体国家安全观运用马克思主义立场观点方法,以深邃的战略思维和高远的世界眼光把握国家安全,在党和国家发展进程中创造了多个"第一",分别是:第一个被确立为国家安全工作指导思想的重大战略思想;第一次形成了系统完整的国家安全理论;第一次提出统筹发展和安全两件大事;第一次明确将安全列为人民美好生活需要的重要内容。这些"第一"标志着中国共产党对国家安全基本规律的认识达到了新境界、新高度,彰显出总体国家安全观的重大理论和实践意义,也充分体现了总体国家安全观的原创性贡献。

　　总体国家安全观的提出有着深刻的时代背景,对于这些背景多有权威读物进行过分析阐述。例如,《总体国家安全观学习纲要》指出,总体国家安全观根植于中国特色社会主义新时代。进入新时代,面对百年大变局、世纪大疫情、复兴大跨越,我国国家安全形势发生重大变化。[1] 又如,《总体国家安全观干部读本》在阐述总体国家安全观形成背景时提出,国家安全形势变化呈现新特点,包括我国正在经历深刻复杂变化、世界发生广泛

---

[1]　中共中央宣传部、中央国家安全委员会办公室编:《总体国家安全观学习纲要》,北京:学习出版社、人民出版社,2022年,第1页。

而深刻变化、我国与世界的关系发生历史性变化、国家安全面临的压力和风险因素增多等。① 再如,《全面践行总体国家安全观》从历史方位、思想渊源、现实基础、全球视野等四个方面,分析了总体国家安全观的提出背景。② 简单来讲,从时代背景分析,复杂严峻的形势和前所未有的风险挑战是总体国家安全观提出的重要因素,正如习近平总书记强调的:"当前和今后一个时期,我国发展进入各种风险挑战不断积累甚至集中显露的时期,面临的重大斗争不会少,经济、政治、文化、社会、生态文明建设和国防和军队建设、港澳台工作、外交工作、党的建设等方面都有,而且越来越复杂。"如果把总体国家安全观的提出放到更为宏大的场景下,其无疑与"中华民族伟大复兴的战略全局"和"世界百年未有之大变局"这"两个大局"息息相关,对此习近平总书记指出:"领导干部要胸怀两个大局,一个是中华民族伟大复兴的战略全局,一个是世界百年未有之大变局,这是我们谋划工作的基本出发点。"也正是在"两个大局"中,世界进入新的动荡变革期,大国博弈日趋激烈,我国国家安全形势不稳定性、不确定性增大,我国发展面临的风险挑战前所未有,可以说总体国家安全观的提出深嵌于这样的时代背景之下。

从思想观念发展角度看,总体国家安全观自提出以来就并非是"固步自封"的。实际上,面对波谲云诡的国际形势、复杂敏感的周边环境、艰巨繁重的改革发展稳定任务,这一方面确确实实带来各种困难矛盾和风险挑战,另一方面也促成了思想观念不断发展与进一步深化。作为一个内容丰富、开放包容、不断发展的战略思想体系,总体国家安全观随着形势和任务的变化而不断得到丰富发展,现已形成包括"五大要素""五对关

---

① 《总体国家安全观干部读本》编委会编著:《总体国家安全观干部读本》,北京:人民出版社,2016年,第1—9页。
② 全国干部培训教材编审指导委员会编:《全面践行总体国家安全观》,北京:党建读物出版社、人民出版社,2019年,第1—5页。

系""十个坚持""五个统筹"等在内的精髓要义。在这个发展过程中，党的历次全会精神和习近平总书记重要讲话，对总体国家安全观的丰富发展起到了十分重要的推动作用，逐渐形成了具有鲜明时代性的中国特色国家安全话语体系。

党的二十大报告指出："国家安全是民族复兴的根基，社会稳定是国家强盛的前提。必须坚定不移贯彻总体国家安全观，把维护国家安全贯穿党和国家工作各方面全过程，确保国家安全和社会稳定。"党的二十大报告同时强调，"全面加强国家安全教育，提高各级领导干部统筹发展和安全能力，增强全民国家安全意识和素养，筑牢国家安全人民防线"。就全面加强国家安全教育而言，贯彻总体国家安全观无疑是其核心；从推进国家安全学学科建设来看，总体国家安全观仍是其重要的研究内容之一。在近几年对国家安全学的学习研究中，笔者认为至少有十个与总体国家安全观相关的重要理论命题需要持续深入研究：一是如何从历史、现实和未来的维度把握国家安全是安邦定国的重要基石、民族复兴的根基；二是如何把握总体国家安全观丰富和发展的规律特点；三是如何坚持党对国家安全工作的绝对领导；四是如何理解中国特色国家安全道路；五是如何坚持政治安全、人民安全、国家利益至上有机统一；六是如何理解发展和安全的辩证关系，包括对统筹发展和安全、安全发展理念、以新安全格局保障新发展格局等的理解；七是如何统筹传统安全和非传统安全；八是如何推进国家安全体系和能力现代化；九是如何坚持底线思维防范化解重大风险；十是如何推动树立共同、综合、合作、可持续的全球安全观。

对于总体国家安全观这十个重大理论命题，笔者一直在进行持续的思考，还需时日开展深入研究，因此本书尚不可能一一作出系统的阐释和回答。本书通过重点梳理阐释党的十九大报告、党的十九届四中全会审议通过的《中共中央关于坚持和完善中国特色社会主义制度 推进国家治理体系和治理能力现代化若干重大问题的决定》、党的十九届五中全会审议通过的

《中共中央关于制定国民经济和社会发展第十四个五年规划和二〇三五年远景目标的建议》、党的十九届六中全会审议通过的《中共中央关于党的百年奋斗重大成就和历史经验的决议》、党的二十大报告等文件，以及《在庆祝中国共产党成立100周年大会上的讲话》等习近平总书记重要讲话中有关国家安全的重要论述，在时代话语体系下对总体国家安全观展开初步的研究。全书分为六章，共有"六论"，即新时代国家安全治理话语体系的"道路论""统筹论""发展论""历史论""法治论"和"保障论"，每一章下的每一节都是笔者近年学习思考国家安全治理话语体系撰写的文章。应该说，这"六论"反映了总体国家安全观不断丰富发展的基本脉络，把总体国家安全观的核心要义及其丰富发展放到时代话语中进行阐释，可以呈现出总体国家安全观的原创性贡献。

最后需要说明的是，本书所引党的历次会议文件和习近平总书记重要讲话均用原文，书中不再另行作注列明出处。其中，党的历次会议文件可在参考文献所列出版物版本中查阅，习近平总书记重要讲话可在人民网开设的"习近平系列重要讲话数据库"中进行检索。

第一章
新时代国家安全治理话语体系的"道路论"

在时代话语体系中，道路问题至关重要，其具有明显的指导性、宏观性、战略性，引领着正确的前进方向。习近平总书记深刻指出："道路问题是关系党的事业兴衰成败第一位的问题，道路就是党的生命。"2014年4月15日，习近平主持召开中央国家安全委员会第一次会议并发表重要讲话，强调要准确把握国家安全形势变化新特点新趋势，坚持总体国家安全观，走出一条中国特色国家安全道路。作为总体国家安全观核心要义的"十个坚持"也包括"坚持中国特色国家安全道路"。毫无疑问，中国特色国家安全道路是中国特色社会主义道路的重要组成部分。本章对新时代国家治理话语体系中的安全"道路"问题进行阐释，认为中国特色国家安全道路是一条体现时代特点、具有中国特色的维护和塑造国家安全之路，其中蕴含着深刻的"大安全"理念。

第一节 坚持中国特色国家安全道路

安全是国家生存之本，发展之基。维护和塑造国家安全，道路选择至关重要。党的十八大以来，以习近平同志为核心的党中央准确把握国家安全形势变化新特点新趋势，坚持总体国家安全观，走出一条中国特色国家安全道路。

2020年12月11日，习近平总书记主持中共中央政治局第二十六次集体学习时强调①，要坚持中国特色国家安全道路，贯彻总体国家安全观。这充分说明中国特色国家安全道路在国家安全中的重大战略意义。我们要坚定道路自信，保持战略定力，坚定不移走中国特色国家安全道路。

一、中国特色国家安全道路是以总体国家安全观为指导的科学道路

思想是行动的先导，只有科学的思想，才有正确的方向。坚持中国特色国家安全道路也必须以科学的思想为指导，才能找对方向，走对路。这个科学思想就是总体国家安全观。党的十八大以来，习近平总书记站在时代发展和战略全局的高度，统筹国内国际两个大局，统筹安全发展两件大事，创造性地提出总体国家安全观重大战略思想。总体国家安全观丰富和发展了中国特色社会主义理论体系，为新时代开创国家安全工作新局面，坚持中国特色国家安全道路，提供了科学指南和根本遵循。正是在此意义上，坚持中国特色国家安全道路和贯彻总体国家安全观，可以说你中有我，我中有你，构成了密不可分的统一体。

总体国家安全观对中国特色国家安全道路的指导意义，集中体现在理念、内容、方法三个维度中。习近平总书记指出，当前我国国家安全内涵和外延比历史上任何时候都要丰富，时空领域比历史上任何时候都要宽广，

---

① 对于总体国家安全观，中共中央政治局这次集体学习至关重要，习近平总书记在主持学习时发表了重要讲话，就贯彻总体国家安全观提出十点要求，由此形成作为总体国家安全观核心要义的"十个坚持"，具体包括：坚持党对国家安全工作的绝对领导（根本保证）、坚持中国特色国家安全道路（道路选择）、坚持以人民安全为宗旨（根本立场）、坚持统筹发展和安全（必然要求）、坚持把政治安全放在首要位置（生命线）、坚持统筹推进各领域安全（主阵地主战场）、坚持把防范化解国家安全风险摆在突出位置（中心任务）、坚持推进国际共同安全（大国担当）、坚持推进国家安全体系和能力现代化、坚持加强国家安全干部队伍建设。由中共中央宣传部、中央国家安全委员会办公室编写的权威读物《总体国家安全观学习纲要》（北京：学习出版社、人民出版社，2022年）正是以此进行篇章布局。

内外因素比历史上任何时候都要复杂。面对"丰富""宽广""复杂"的国家安全新形势，坚持中国特色国家安全道路，就必须在理念上树牢底线思维，增强忧患意识，做到居安思危。总体国家安全观的内涵可简要概括为"五大要素"和"五对关系"。"五大要素"即以人民安全为宗旨，以政治安全为根本，以经济安全为基础，以军事、科技、文化、社会安全为保障，以促进国际安全为依托，其以精炼的语言勾勒出国家安全体系的总体框架，揭示了各要素的内在关联及它们之间的相互连接，构筑起中国特色国家安全道路的基本内容。"五对关系"指外部安全与内部安全、国土安全与国民安全、传统安全与非传统安全、发展问题与安全问题、自身安全与共同安全，它们相互联系，相互影响，相互促进，其中所蕴含的整体思维、历史思维、辩证思维和统筹思维，无疑为坚持中国特色国家安全道路奠定了方法论基础。

二、中国特色国家安全道路是立足国情、体现新时代特征的中国道路

一个国家走什么样的路，不是抽象的，而是具体的。习近平总书记多次强调"必须走自己的道路"。国家安全道路选择亦不例外，必须努力开拓一条"中国道路"。面对错综复杂的安全形势和日益多样的安全威胁，任何一个国家的安全观都会根据自身国情、发展阶段、安全形势等体现自身特点。同时，由于不同国家社会制度、意识形态、历史传统、发展目标、综合国力等不同，国家安全道路的选择也会呈现出巨大的差异。进入新时代，习近平总书记提出"三大趋势""三个前所未有""三个重大危险"等战略

判断①，这些重大战略判断科学回答了我们处于什么环境、站在什么方位、面临什么挑战等一系列基本问题，体现了对我国国情和安全环境的深刻把握，为坚持中国特色国家安全道路指明了方向。

在这条道路上，要坚持政治安全、人民安全、国家利益至上有机统一。其中，政治安全是根本，它决定和影响其他各领域的安全。重视维护政治安全是我们党治国理政的重要历史经验，中华民族之所以能够由站起来、富起来到强起来，一个重要原因就是在中国共产党的领导下，坚决维护和保持了国家政治安全。新时代国家安全面临新挑战新要求，政治安全只能加强，不能削弱，最根本的一条就是坚持党对国家安全工作的绝对领导。人民安全是宗旨，国家安全一切为了人民、一切依靠人民是历史的必然选择，集中彰显了群众路线这一党的最大政治优势，必须坚持以人为本，将国家安全决策转化为人民群众的强大力量。国家利益至上是国家安全的准则，也是实现政治安全和人民安全的基本途径，它要求坚决捍卫国家主权和领土完整，维护国家发展利益。三者有机结合，辩证统一，目的就是实现党的长期执政、国家长治久安、人民安居乐业。这些要求深化了对中国特色国家安全道路目的性、规律性认识，既传承历史，也立足现实，更面向未来。

三、中国特色国家安全道路是坚持系统思维和法治思维的实践道路

习近平总书记指出，做好新时代国家安全工作，要把国家安全贯穿到

---

① "三大趋势"指当今世界是一个新机遇、新挑战层出不穷，国际体系和国际秩序深度调整，国际力量对比发生深刻变化，并朝着有利于和平与发展方向变化的世界；"三个前所未有"指我们前所未有地靠近世界舞台中心，前所未有地接近实现中华民族伟大复兴的目标，前所未有地具有实现这个目标的能力和信心；"三个重大危险"指国家被侵略、被颠覆、被分裂的危险，改革发展稳定大局被破坏的危险，中国特色社会主义发展进程被打断的危险。

党和国家工作各方面全过程，同经济社会发展一起谋划、一起部署，坚持系统思维，构建大安全格局。这种系统思维既强调从经济社会发展大局谋划国家安全，也包括对国家安全这一子系统内部各个要素间关系的统筹协调。当下，以系统论为理论基础的系统思维，已贯穿于国家安全工作的方方面面，成为中国特色国家安全道路的一个显著标志。例如，在总体国家安全观强调统筹发展和安全的基础上，党的十九届五中全会首次把统筹发展和安全纳入"十四五"时期我国经济社会发展的指导思想，并列专章作出战略部署，这体现了系统思维的不断深化细化实化。总体国家安全观关键在"总体"二字，强调国家安全的全面性、整体性，构建集政治安全、国土安全、军事安全、经济安全、文化安全、社会安全、科技安全、信息安全、生态安全、资源安全、核安全等多领域安全于一体的国家安全体系，其本身即是大安全格局、系统思维的集中体现。又如，习近平总书记在中共中央政治局第二十六次集体学习时，就贯彻总体国家安全观提出十点要求，这些要求既涉及国家安全系统内部，又涵盖国家安全系统的外部环境，它们彼此联系，相互协调，环环相扣，仍然浸润着深刻的系统思维。

如果说系统思维凸显了道路建设各要素的关联性，那么，法治思维则彰显了制度化、规范化。以法治思维和法治方式完善国家安全体系、增强国家安全能力，成为中国特色国家安全道路的另一个突出特点。新时代在总体国家安全观指导下，我国加快推进国家安全重点领域立法，随着以《国家安全法》为核心的一系列国家安全法律法规的颁行，我国正一步一个脚印朝构建系统完备、科学规范、运行有效的国家安全制度体系迈进。因此从法治建设角度看，中国特色国家安全道路必然是一条法治实践之路，中国特色国家安全法治建设在新时代必须持续推进。

第二节　深刻认识新时代国家安全的"中国道路"

党的十九届六中全会对党的十八大以来维护国家安全取得的历史性成就、发生的历史性变革作了梳理总结，同时提出党百年奋斗积累的十条宝贵历史经验[①]，其中之一即"坚持中国道路"。全会审议通过了《中共中央关于党的百年奋斗重大成就和历史经验的决议》（以下简称《决议》），对这些重大成就和宝贵经验作出深刻阐述，并系统概括了其中的原创性理念和思想。作为头等大事，在维护国家安全上道路选择至关重要，只有把准方向走对路方能实现安邦定国。迈进新时代，在以习近平同志为核心的党中央领航掌舵下，我们坚持总体国家安全观，坚定不移走中国特色国家安全道路，这条道路呈现出鲜明的中国特色、中国风格、中国气派。

一、国家安全"中国道路"是科学之路

道路问题是关系党的事业兴衰成败的首要问题，关乎国家前途、民族命运、人民幸福。一个国家走什么样的路，关键要看这条道路是否适合本国国情，能否解决这个国家面临的历史性课题。习近平总书记深刻指出："走自己的路，是党的全部理论和实践立足点，更是党百年奋斗得出的历史结论。"一百年来，我们党团结带领全国各族人民昂首阔步走自己的路，探索并形成符合中国实际的正确道路，这条道路就是中国特色社会主义道路。维护国家安全的道路选择同样必须以脚定鞋，不能削足适履，这条唯一正确的道路就是要走出一条中国特色国家安全道路。进入新时代，走中国特

[①] 这十条历史经验包括：坚持党的领导、坚持人民至上、坚持理论创新、坚持独立自主、坚持中国道路、坚持胸怀天下、坚持开拓创新、坚持敢于斗争、坚持统一战线和坚持自我革命。

色国家安全道路把立足国情与放眼世界相结合，把探路、引路、行路相交融，开创了新时代国家安全工作新局面。

一是以时代的勇气探路。进入新时代，面对复杂严峻的国家安全形势，面对对外维护国家主权、安全、发展利益，对内维护政治安全和社会稳定的双重压力，面对国家安全体系和能力建设中的各种问题挑战，我们没有别的路可走，唯有敢啃硬骨头，敢于涉险滩，困难越多、挑战越大，就越要以开拓创新的政治勇气攻坚克难、一往无前。

二是以伟大的思想引路。思想就是力量，科学道路离不开思想灯塔指引前进的方向。进入新时代，我们党提出总体国家安全观重大战略思想，安全发展理念，共同、综合、合作、可持续的全球安全观等一系列具有原创性的新思想新理念，其背后蕴含着丰富的哲理，它们既是认识论，也是方法论，充分体现历史思维、国际视野、中国精神的高度统一，为中国特色国家安全道路提供了强大的思想引领。

三是以正确的实践行路。科学道路不会从天上掉下来、从地下冒出来，只有靠自己一步一个脚印踏出来。进入新时代，我们党始终把国家安全工作紧紧抓在手上，有效应对一系列重大风险挑战，保持了国家安全大局稳定。正如《决议》指出，国家安全得到全面加强，经受住了来自政治、经济、意识形态、自然界等方面的风险挑战考验，为党和国家兴旺发达、长治久安提供了有力保证。这些无疑是在维护国家安全实践探索中，勇于开拓的胆识魄力、闪耀真理光辉的思想理论迸发出的实践伟力。

二、国家安全"中国道路"是统筹之路

统筹兼顾是我们党在长期革命、建设、改革实践中积累的重要经验。习近平总书记指出："统筹兼顾是中国共产党的一个科学方法论。它的哲学内涵就是马克思主义辩证法。"进入新时代，世界百年未有之大变局加速

演进，全球政治经济格局深刻调整，我国国家安全形势不确定性、不稳定性增大。这集中表现在我国国家安全内涵和外延更丰富，时空领域更宽广，内外因素更复杂，需要我们不断深化对统筹兼顾原则方法的理解与运用。新时代国家安全"中国道路"正是这样一条充满辩证智慧的统筹之路。

第一，升华统筹理念。理念是行动的先导，树立什么样的理念，从根本上决定着工作成效乃至成败。进入新时代，我们党把"统筹"上升为支撑治国理政新思想新战略的一个核心理念，对维护国家安全起到了引领作用。新时代国家安全工作坚持以总体国家安全观为指导，"总体"强调国家安全的系统性和全面性，把统筹理念贯穿其中，既整体推进，又突出重点，既立足当下，又着眼长远，以系统思维构建大安全格局。党的十九大把统筹发展和安全作为治国理政的一项重大原则，十九届五中全会首次将统筹发展和安全纳入"十四五"时期我国经济社会发展指导思想，并列专章作出战略部署，这些都体现出我们党对统筹理念的不断升华。

第二，拓展统筹内容。进入新时代，随着安全风险的多样性、联动性、跨国性日渐凸显，国家安全统筹的内容也不断得到拓展丰富。在国家安全领域，如《决议》指出涵盖政治、军事、国土、经济、文化、社会、科技、网络、生态、资源、核、海外利益、太空、深海、极地、生物等诸多领域。这些重点领域随时代变化不断拓展，也使统筹的内容不断丰富。总体国家安全观的核心要义所涉及的人民安全，政治安全，经济安全，军事、科技、文化、社会安全，国际安全"五大要素"，以及发展和安全、开放和安全、传统安全和非传统安全、自身安全和共同安全、维护国家安全和塑造国家安全"五个统筹"，同样构成具有开放性、包容性的统筹内容。

第三，强化统筹保障。如果缺乏强有力的组织保障，统筹的质效便难以显现。党的十八届三中全会决定设立国家安全委员会，统筹协调国家安全重大事项和重要工作，使集中统一、高效权威的国家安全领导体制走向完善。坚持党的领导，必须充分发挥党总揽全局、协调各方的领导核心作用。中央国家安全委员会的设立为坚持党对国家安全工作的绝对领导，实施有力的统领和协调提供了更坚强的保障。正是在这个意义上，习近平总书记在十九届中央国家安全委员会第一次会议上发表重要讲话指出，中央国家安全委员会成立四年来，坚持党的全面领导，"解决了许多长期想解决而没有解决的难题，办成了许多过去想办而没有办成的大事"，并要求"要发挥好统筹国家安全事务的作用，抓好国家安全方针政策贯彻落实"。

三、国家安全"中国道路"是治理之路

习近平总书记多次谈及国家治理，强调要推进国家治理体系和治理能力现代化。党的十九届六中全会公报四次提到"治理"，在《决议》中三十二次出现"治理"一词。从"管理"到"治理"[①]，一字之差，反映出我们党治国方略的发展进步，把党对治国理政规律的认识推向新境界，提升到新高度，展示出新前景，这对新时代走中国特色国家安全道路也产生了深远影响。毫无疑问，国家治理框架下的国家安全"中国道路"，是一条实实在在地推进国家安全治理体系和治理能力现代化之路。

首先，治理体现为制度之治。人类社会发展的实践充分证明，依法治理是最可靠最稳定的治理。对于新时代国家安全治理，习近平总书记强调要"加强法治思维，构建系统完备、科学规范、运行有效的国家安全制度体系"。进入新时代，在党的全面领导下出台了一系列管总管长管用的国家安全法律，国家安全领域立法取得显著进展。先后制定的《国家安全战略

---

① "管理"与"治理"的深层差异在于：管理是为实现特定目标而从事的对资源的协调活动，其侧重于权威，管理过程往往伴随着国家强制力的使用，表现为一种自上而下的行为；治理是由共同目标支持的活动，其侧重于各种机制相互作用，治理的主体未必是政府，也不一定要依靠国家强制力来实现，表现为一种多维度的融合行为过程。

纲要》《国家网络空间安全战略》《国家安全战略（2021—2025 年）》等国家安全战略①，使国家安全法治体系、战略体系、政策体系"三位一体"共建共进，为实现规则之治提供了有力的制度性保障。

其次，治理表现为全民共治。不同于管理的垂直化和单向度，治理是多元主体参与的互动过程，具有更强的协调性、灵活性、沟通性。新时代国家安全治理集中体现为以人民安全为宗旨，一切为了人民、一切依靠人民，把人民作为国家安全的基础性力量，汇聚起维护国家安全的强大合力。在制度设计上，依靠人民已经转化为法律的硬性要求，如《国家安全法》第九条、《网络安全法》第十四条、《生物安全法》第八条的规定皆是如此。② 在实践运行层面，将每年 4 月 15 日设为全民国家安全教育日，通过宣传教育不断增强全民国家安全意识，巩固国家安全人民防线，把安全风险防范化解于人民群众的汪洋大海中。

最后，治理目标是实现善治。善治即良好的治理，反映着治理所追求的价值目标。新时代国家安全治理目标是"安邦定国""国泰民安"，正是基于此，习近平总书记指出，"国家安全工作是党治国理政一项十分重要的工作，也是保障国泰民安一项十分重要的工作"。这需要积极顺应时代发展大势，准确把握社会主要矛盾变化，对内实现安全稳定，对外推进共同安全。对于前者，如针对我国社会主要矛盾转化，不断健全国家治理急需、满足人民日益增长的美好生活需要必备的法律制度；对于后者，提出加强

---

① 这三个"国家安全战略"是公开报道的我国国家安全战略，其中，《国家安全战略纲要》于 2015 年 1 月 23 日经中共中央政治局召开会议审议通过；《国家网络空间安全战略》于 2016 年 12 月 27 日经中央网络安全和信息化领导小组批准，国家互联网信息办公室发布；《国家安全战略（2021—2025 年）》于 2021 年 11 月 18 日经中共中央政治局召开会议审议通过。
② 《国家安全法》第九条规定："维护国家安全，应当坚持预防为主、标本兼治，专门工作与群众路线相结合，充分发挥专门机关和其他有关机关维护国家安全的职能作用，广泛动员公民和组织，防范、制止和依法惩治危害国家安全的行为。"《网络安全法》第十四条规定："任何个人和组织有权对危害网络安全的行为向网信、电信、公安等部门举报。"《生物安全法》第八条规定："任何单位和个人有权举报危害生物安全的行为。"

国际安全合作，携手应对全球性挑战，推动构建普遍安全的人类命运共同体。这些无不展现出我们党对国家安全善治目标的不懈追求。

四、国家安全"中国道路"是斗争之路

习近平总书记指出："中华民族伟大复兴，绝不是轻轻松松、敲锣打鼓就能实现的，实现伟大梦想必须进行伟大斗争。"进入新时代，我们比历史上任何时期都更接近实现中华民族伟大复兴的目标，同时必须看到，国际形势风云变幻，我国经济社会深刻变化，各种可以预见和难以预见的安全风险挑战前所未有，如《决议》所说，"我国面临更为严峻的国家安全形势，外部压力前所未有，传统安全威胁和非传统安全威胁相互交织，'黑天鹅''灰犀牛'事件时有发生"。面对这些风险挑战，我们党发扬不信邪、不怕鬼的精神，始终增强忧患意识，做到居安思危，敢于斗争，善于斗争，坚决同企图颠覆中国共产党领导和我国社会主义制度、企图迟滞甚至阻断中华民族伟大复兴进程的一切势力斗争到底，有效维护了国家安全。从这个意义上讲，国家安全"中国道路"是一条不折不扣的、具有许多新的历史特点的伟大斗争之路。

一方面，把斗争建立在忧患意识之上。习近平总书记强调："增强忧患意识，做到居安思危，是我们治党治国必须始终坚持的一个重大原则。"这清晰地反映出我们党治国理政坚持的本源性、基础性原理准则，构成新时代维护国家安全的重要逻辑支点，《决议》提出"必须坚持底线思维、居安思危、未雨绸缪"正是这一重大原则题中应有之义。增强忧患意识，才能看清斗争的短板弱项，聚焦新形势新任务，增强斗争精神，提高斗争本领，解决好维护国家安全能力不足、应对各种重大风险能力不强、维护国家安全的统筹协调机制不健全等问题，落实防范化解各种风险的领导责任和工作责任。增强忧患意识，才能明确斗争的立场方向，党中央深刻

认识到面对来自外部的围堵、打压、捣乱、颠覆，一味退让只能换来得寸进尺的霸凌，委曲求全只能招致更为屈辱的境况，因而必须严密防范和严厉打击敌对势力渗透、破坏、颠覆、分裂活动，顶住和反击外部极端打压遏制，开展涉港、涉台、涉疆、涉藏、涉海等斗争，加快建设海洋强国。

另一方面，把斗争寓于安全发展之中。当前，我国已进入新发展阶段，需要深入贯彻新发展理念，加快构建新发展格局。但是，新发展阶段天下并不太平，各类风险挑战依然突出。习近平总书记指出，"当前和今后一个时期，我国发展进入各种风险挑战不断积累甚至集中显露的时期，面临的重大斗争不会少"。要在新发展阶段做好长期斗争的准备。改革开放后，党高度重视正确处理改革发展稳定关系，把维护国家安全和社会安定作为党和国家的一项基础性工作来抓，为改革开放和社会主义现代化建设营造了良好安全环境。进入新时代，当严峻形势和斗争任务摆在面前时，同样要敢于出击，敢战能胜，不断增强我们的生存力、竞争力、发展力、持续力，确保中华民族伟大复兴进程不迟滞甚至中断。要在国家安全斗争中完整、准确、全面贯彻新发展理念，把安全发展贯穿国家发展各领域全过程，注重防范化解影响我国现代化进程的重大风险，并根据形势需要把握时、度、效，及时调整斗争策略，以斗争求团结，以斗争谋合作，以斗争促发展。

第三节　构建大安全格局时代意涵的认识维度

"大安全格局"是新时代中国特色国家安全话语体系中的一个重要概念。习近平总书记在中共中央政治局第二十六次集体学习时强调，要坚持总体国家安全观，"坚持系统思维，构建大安全格局，促进国际安全和世界和平，为建设社会主义现代化国家提供坚强保障"。在新征程上，构建大安全格局是贯彻落实总体国家安全观的应有之义，其从目标、路径、方法等层面为维护和塑造国家安全提供了科学指引，具有重要的理论意义、现实意义和世界意义。我们可以从"大""小"对比、"总体"内蕴的哲理、人类前途命运关切等维度，深刻认识构建大安全格局的时代意涵。

一、在"大安全"与"小安全"的鲜明对比中认识构建大安全格局

顾名思义，"大安全"与"小安全"是范围大小有别的一对反义概念。从国家安全角度讲，"小安全"主要同传统安全领域中的政治安全联系最为紧密，正因如此，长期以来我们往往把维护国家安全和反奸防谍等同起来。这一点在制度设计上也得到呈现，1993年我国制定的《国家安全法》（以下简称"旧国安法"）第四条规定，其所称"危害国家安全的行为"是指境外机构、组织、个人实施或指使、资助他人实行的，或境内组织、个人与境外机构、组织、个人相勾结实施的五类危害我国国家安全的行为。同时，旧国安法第二章还针对国家安全机关在反间谍方面的职责作出规定。由于这些规定主要涉及政治安全、国土安全领域，而并未包括更多的其他安全领域，正是在这个意义上，旧国安法可以说是一部"小安全法"。

对于"大安全"，依然可以通过制度表达清楚地看到。2014年，我国制定出台《反间谍法》，相应废止了旧国安法；2015年，我国颁布实施《国家安全法》（以下简称"新国安法"）。新国安法第二条采用"状态+能力"的方式，对国家安全的含义作出规定，即国家安全是指国家政权、主权、统一和领土完整、人民福祉、经济社会可持续发展和国家其他重大利益相对处于没有危险和不受内外威胁的状态，以及保障持续安全状

态的能力；第十一条规定我国公民、一切国家机关和武装力量、各政党和各人民团体、企业事业组织和其他社会组织，都有维护国家安全的责任和义务，体现出"国家安全人人有责"。同时，新国安法第二章对十几个领域维护国家安全的任务作了原则性规定。显然，新国安法是一部更具综合性、全局性和基础性的"大安全法"，在当前国家安全法律制度体系中起到统领作用，而通过新旧国安法这些内容的对比则不难看到安全的"大""小"之别。

由"小安全"向"大安全"的转变，深嵌于时代"大变局"之中，同国家安全形势的发展变化密切相关。习近平总书记强调"国家安全是头等大事"，并深刻指出："我国国家安全的内涵和外延比历史上任何时候都要丰富，时空领域比历史上任何时候都要宽广，内外因素比历史上任何时候都要复杂。"基于这些战略认识，尽管当前政治、国土、军事等传统安全领域仍然是国家安全的重中之重，必须牢牢抓住；但同时也要看到，在百年变局和世纪疫情背景下，国际格局加速演进，世界向多极化方向发展，进入新的动荡变革期，我们面临的非传统安全威胁越来越多，安全问题的联动性、跨国性、多样性更加突出，安全形势的不确定性、不稳定性也更为凸显。此时，必须以大视野、大境界和大智慧常观大势，常思大局，从"小安全"认识迈向构建"大安全"格局，才能防得了风险、扛得住挑战。

二、在总体国家安全观"总体"的深刻哲理中认识构建大安全格局

作为在党的历史上第一次形成的系统完整的国家安全理论，总体国家安全观是新时代国家安全工作的根本遵循和行动指南，对构建大安全格局亦如此。总体国家安全观的精髓要义在"总体"二字，其具有丰富深邃的

思想内涵，代表着一种理念，也是一种状态，更是一种方法。"总体"与"大安全"之"大"相互契合、一脉相通，使构建大安全格局映射出深刻的安全大哲理。

一方面，"总体"指导大安全格局下的国家安全重点领域不断拓展，并形成对安全问题的关联性认识。总体国家安全观自提出后从来就不是封闭保守的，而是一个内容丰富、包容开放、不断发展的思想体系。2014 年，习近平总书记在中央国家安全委员会第一次会议上发表重要讲话，强调既重视传统安全又重视非传统安全，构建集十一个重点领域于一体的国家安全体系。① 此后，随着安全形势的变化和维护国家安全的需要，国家安全重点领域不断拓展，如 2021 年，党的十九届六中全会审议通过《决议》，明确点出十六个国家安全重点领域②；同年，中共中央政治局召开会议提出"新型领域安全"及生物安全、数据安全、人工智能安全；近期受地缘政治、气候变化等因素影响，全球粮食危机加剧，又把粮食安全提上议程等。时至今日，国家安全重点领域已拓展至 20 余个。这些领域拓展可以说正是"总体"所强调的具有整体性、系统性的"大安全"的生动呈现。

此外，安全问题并不是孤立割裂的，在安全话语体系中多有相关表达，如"时代之变和世纪疫情相互叠加""传统和非传统安全威胁相互交织""我国各类事故隐患和安全风险交织叠加""需要应对的风险和挑战、需要解决的矛盾和问题比以往更加错综复杂"等。总体国家安全观通过辩证统一的"五大要素""五对关系""十个坚持""五个统筹"等核心内涵进行"总体"指引，则更容易认识到安全问题间的相互联系、相互作用、相

---

① 这十一个重点领域为：政治安全、国土安全、军事安全、经济安全、文化安全、社会安全、科技安全、信息安全、生态安全、资源安全、核安全。其中，政治安全、国土安全、军事安全为传统安全，其他为非传统安全。
② 这十六个重点领域为：政治安全、军事安全、国土安全、经济安全、文化安全、社会安全、科技安全、网络安全、生态安全、资源安全、核安全、海外利益安全、太空安全、深海安全、极地安全、生物安全。

互影响，无疑有助于既见"树木"又见"森林"，在重点与全局、目的与手段、当前与长远等辩证关系中构建大安全格局。

另一方面，"总体"对构建大安全格局具有重要的方法论意义。在哲学意义上，方法论是有关认识世界、改造世界的方法的理论体系，可以为遇到问题"怎么办"提供一般性的原则指引。面对纷繁复杂的国际国内安全形势，如果缺乏科学的理论方法，便难以有效应对前进道路上的各种风险挑战。总体国家安全观强调对国家安全的科学统筹，集中彰显了马克思主义立场观点方法，"总体"二字所蕴含的战略思维、系统思维、底线思维等思维方法，则为构建大安全格局提供了多重方法支持。

所谓战略思维，其强调站在全局和战略高度，把握事物发展的总体趋势和方向，从全局、长远、大势上进行判断和决策。国家安全是安邦定国的重要基石，构建大安全格局是一个战略问题，必须坚持观大势谋大局，从战略上看问题、想问题，才能不断增强维护国家安全的全局性主动，防止在根本性问题上出现战略性、颠覆性错误。习近平总书记指出"前进的道路不可能一帆风顺，越是前景光明，越是要增强忧患意识，做到居安思危，全面认识和有力应对一些重大风险挑战"。这里的"全面"与"总体"相映相通，充满了深刻的哲理，也呈现出系统思维和底线思维。其中，系统思维强调全面、普遍联系地观察事物，分析和解决问题；底线思维即从坏处着眼，做充分准备，争取最好的结果，而坚持底线思维就必须增强忧患意识。显然，在构建大安全格局上，运用这些思维方法才能真正做到既整体推进又突出重点，既补齐短板又加固底板。

三、在共同安全、普遍安全的人类安危福祉中认识构建大安全格局

进入新时代，人类社会日益紧密地联系在一起，成为一个"你中有

我、我中有你"的命运共同体。各国利益和命运相互依存、彼此影响，安全总是相对而不是绝对的，一国的安全不能建立在别国的动荡之上。面对越来越多的全球性威胁和挑战，任何国家都不能独善其身、置身事外，必须强化合作、共同应对。因而"大安全"之"大"也可从安全由一国向全球延展的角度来理解。申言之，安全问题并不局限于一国范围内，在相当程度上还凸显出国家之间"一荣俱荣，一损俱损"的特点。正是如此，才要在人类命运共同体视域下同心协力构建共同安全、普遍安全的世界。为携手应对全球挑战、促进世界安危与共，习近平主席在博鳌亚洲论坛2022年年会开幕式上发表主旨演讲，首次提出"全球安全倡议"及践行倡议的"六个坚持"①。这是站在人类前途命运和安危福祉高度，破解世界安全赤字的中国方案，使追求全球"大安全"既体现至理念上，也落实到实践中。

在理念上，以大胸怀推动树立全球安全观，推进国际共同安全。作为总体国家安全观的"对外篇"，全球安全观位列全球安全倡议"六个坚持"之首。从全球安全观的形成发展来看，其源于总体国家安全观原初内涵的"国际安全"和"共同安全"，并由2014年习近平主席在亚洲相互协作与信任措施会议第四次峰会上提出的"亚洲安全观"逐步丰富发展而来②，后来又成为总体国家安全观的核心要义之一。从"亚洲安全观"到"全球安全

---

① 全球安全倡议"六个坚持"包括：坚持共同、综合、合作、可持续的安全观，共同维护世界和平和安全；坚持尊重各国主权、领土完整，不干涉别国内政，尊重各国人民自主选择的发展道路和社会制度；坚持遵守联合国宪章宗旨和原则，摒弃"冷战"思维，反对单边主义，不搞集团政治和阵营对抗；坚持重视各国合理安全关切，秉持安全不可分割原则，构建均衡、有效、可持续的安全架构，反对把本国安全建立在他国不安全的基础之上；坚持通过对话协商以和平方式解决国家间的分歧和争端，支持一切有利于和平解决危机的努力，不能搞双重标准，反对滥用单边制裁和"长臂管辖"；坚持统筹维护传统领域和非传统领域安全，共同应对地区争端和恐怖主义、气候变化、网络安全、生物安全等全球性问题。
② 2014年5月21日，习近平主席在亚信上海峰会发表题为《积极树立亚洲安全观 共创安全合作新局面》的主旨讲话，提出应该积极倡导共同、综合、合作、可持续的亚洲安全观，创新安全理念，搭建地区安全和合作新架构，努力走出一条共建、共享、共赢的亚洲安全之路。

观"，足见这一理念内涵范围的扩大升格。从全球安全观的核心要素来看，包括共同、综合、合作、可持续等四大要素，其中，共同强调安全的普遍性、平等性和包容性；综合强调安全治理中的统筹协调；合作强调促进安全的对话合作方式；可持续强调通过发展和安全并重以实现持久安全。由此可以看到，全球安全观的安全大胸怀和大格局，在其指引下探索共建、共享、共赢的安全新路，必将有助于推进国际共同安全。

在实践上，以大担当践行真正的多边主义，追求人类普遍安全。现代意义的多边主义，发轫于人类"止戈为武"解决共同问题的积极努力，面对复杂严峻的全球安全挑战，完善全球安全治理体系，维护和践行真正的多边主义成为解决安全问题的重要选项。习近平总书记指出："多边主义的要义是国际上的事由大家共同商量着办，世界前途命运由各国共同掌握。"进入新时代，世界呼唤真正的多边主义，我们始终坚持"共同商量着办"这一多边主义核心价值，大力弘扬和平、发展、公平、正义、民主、自由的全人类共同价值，倡导构建相互尊重、公平正义、合作共赢的新型国际关系，以大国的担当维护世界和平与安全。与此同时，对"冷战"思维、零和思维下威胁世界和平安宁的单边主义、保护主义、霸权主义、强权政治，以及以多边主义之名行单边主义之实、"有选择的多边主义"等"伪多边主义"逆流，我们旗帜鲜明地反对，坚定维护以联合国为核心的国际体系和以国际法为基础的国际秩序，加强国际安全合作，推动构建普遍安全的人类命运共同体。

第四节　新安全格局对大安全格局的丰富与发展

大安全格局和新安全格局都是新时代国家安全话语体系中的原创性概念，两者构成了总体国家安全观精髓要义的重要内容。从大安全格局到新安全格局,一字之变,富有深意,反映了新安全格局对大安全格局的丰富与发展,实际上也集中呈现出总体国家安全观的与时俱进、不断发展。在新时代新征程上,唯有在总体国家安全观引领下,深刻认识把握大安全格局和新安全格局的内涵实质,才能推动以新安全格局保障新发展格局,努力开创国家安全工作新局面,确保中国式现代化行稳致远。

一、由小到大:新时代大安全格局的构建

2020年12月11日,习近平总书记主持中央政治局第二十六次集体学习时强调:"把国家安全贯穿到党和国家工作各方面全过程,同经济社会发展一起谋划、一起部署,坚持系统思维,构建大安全格局。"这是在新时代国家安全话语体系中首次出现"大安全格局"的表述。从"小安全"到"大安全",深刻展现出新时代国家安全的系统性变革、整体性重塑,为开创国家安全工作新局面指明了方向、提供了遵循。

一是"大安全"之理念形塑。2014年4月15日,习近平总书记在中央国家安全委员会第一次会议上首次创造性提出总体国家安全观,总体国家安全观是新时代国家安全工作的根本指针,关键在"总体"二字,其中蕴含着深刻的系统思维,尤为强调"大安全"理念。"大安全"理念既是对国家安全形势变化新特点新趋势的主动回应,也是国家安全规律性认识不断深化的产物。一方面,随着世界百年变局加速演进,全球多重危机交织叠加,当前我国国家安全的内涵外延更加丰富、时空领域更加宽广、内外因素更加复杂,可以说正是世界之变、时代之变、历史之变从客观上形塑了"大安全"理念。另一方面,传统安全和非传统安全威胁相互交织、相互影响,安全问题的联动性、跨国性、多样性更为突出,此时主观上对国家安全的认识不能局限在政治、国土、军事等传统安全领域,更不能抱持孤立、静态、割裂的认识,必须把国家安全认识拓展至"大安全"的新视

野新理念。

二是"大安全"之领域延伸。在大安全格局下，国家安全不再局限于某个领域，而是可能涵盖生产生活的方方面面，因此重点安全领域随着国家安全形势变化不断延伸。2014年提出总体国家安全观论及"五对关系"，在既重视传统安全又重视非传统安全中强调构建集11种安全于一体的国家安全体系。党的十九届六中全会总结维护国家安全的历史性成就和历史性变革时，明确提出政治、军事、国土、经济、文化、社会、科技、网络、生态、资源、核、海外利益、太空、深海、极地、生物等16个国家安全领域。党的二十大报告国家安全专章又强调指出粮食安全、能源资源安全、重要产业链供应链安全等重点领域。时至今日，"大安全"在国家安全领域方面已形成具有中国特色的"安全化"延伸逻辑，集中呈现出大安全格局之"大"，也正是如此，必须把维护国家安全贯穿党和国家工作各方面全过程，我国公民和一切组织都有维护国家安全的责任和义务。

三是"大安全"之制度新建。随着全面依法治国战略的深入推进，法治无疑成为新时代制度之治最基本、最稳定、最可靠的保障，实现"大安全"同样离不开制度之治。在体制上，坚持党的绝对领导，设立中央国家安全委员会对国家安全实施有力的统领和协调，不断完善集中统一、高效权威的国家安全领导体制。在制度建设上，近年来国家安全领域立法步伐显著加快，以国家安全法为龙头，以生物、网络、数据、核、国防交通等国家安全具体领域专门法为支撑的中国特色国家安全法律制度体系基本形成，国家安全法治体系不断完善。在相关机制上，参与全球安全治理、国家安全工作协调、反制裁反干涉反"长臂管辖"、正确处理新形势下人民内部矛盾等机制逐步建立健全。可以说正是"大安全"理念指引着新时代国家安全的制度之治，而新建的一系列国家安全制度机制又成为维护和塑造"大安全"的坚强保障。

二、由大至新：新安全格局的提出及其侧重

2021年11月18日，中央政治局召开会议审议《国家安全战略（2021—2025年）》，指出："新形势下维护国家安全，必须牢固树立总体国家安全观，加快构建新安全格局。"这是在新时代国家安全话语体系中首次出现"新安全格局"的表述。由"大安全"至"新安全"，一字之差，立意高远、意义重大，"新安全"与"新发展"交相辉映，深刻反映国家安全新形势新任务，亦是对国家安全格局的进一步丰富和发展。

一是"新安全"之战略性拓展。首先是中央政治局审议《国家安全战略（2021—2025年）》首提"新安全格局"，说明构建新安全格局本身已成为具有顶层决定性的国家安全战略之重要内容。其次，我国国家安全战略并非第一次提出，2013年党的十八届三中全会就提出要完善国家安全战略，2015年中央政治局审议通过《国家安全战略纲要》，时隔7年又审议《国家安全战略（2021—2025年）》，充分说明党中央站在战略全局高度主动适应国家安全形势新变化，正是基于此才提出"加快构建新安全格局"的"五个坚持"和九个方面重点任务。最后，中央政治局会议所强调的内容具有鲜明的导向性、针对性和可操作性，对统筹做好政治、经济、社会、科技、新型领域安全等五大重点领域、地区、方向的国家安全工作作出战略部署，还从九大方面提出新任务新要求，这同样体现了有的放矢的战略布局和整体推进。这些是对之前"大安全"相关重要论述的新发展，不少内容也为之后党的二十大报告、二十届中央国安委第一次会议所吸收。

二是"新安全"之系统性变革。"新"在相当程度上意味着"变"，以"新"应"变"方能革故鼎新，牢牢掌握安全发展主动权，推进国家安全体系和能力现代化。对于与"新安全"相对应的国家安全系统性变革，党的二十大报告在回顾新时代10年国家安全方面的伟大变革时作了精辟阐

述。其一，突破传统的线性思维，坚持系统思维和战略思维，全面贯彻总体国家安全观，维护"总体"国家安全，使国家安全在新时代得到全面加强。其二，不断完善国家安全领导体制，以及国家安全法治、战略、政策体系，坚持以国家核心利益为底线，捍卫国家主权、安全、发展利益。其三，健全完善共建共治共享的社会治理制度，推进更高水平平安中国建设，坚决维护国家安全和社会稳定。总之，"新安全"之"新"体现于系统性之"变"，而这种质的变化又集中表现在新时代推动国家安全工作实现从分散到集中、从迟缓到高效、从被动到主动的历史性变革之中。

三是"新安全"与新发展契合。发展和安全如鸟之两翼、车之双轮，两者相辅相成、不可偏废，安全是发展的前提，发展是安全的保障。当前我国已进入新发展阶段，在这一阶段战略机遇和风险挑战并存，不确定、难预料因素日渐增多，各种"黑天鹅""灰犀牛"事件也随时可能发生，因此必须统筹发展和安全。党的二十大报告强调"提高各级领导干部统筹发展和安全能力""以新安全格局保障新发展格局"，"新安全"同"新发展"同样是相互支撑、相互作用、缺一不可的。一方面，加快构建新发展格局才能夯实经济社会发展根基，不断提升发展的安全性、稳定性，在各种风险挑战面前增强生存力、竞争力、发展力、持续力；另一方面，新发展格局需要新安全格局的坚定保障，只有更好统筹发展和安全，实现高质量发展和高水平安全动态平衡、良性互动，才能在守住安全底线的基础上持续推进高质量发展。

三、双新共进：推动以新安全格局保障新发展格局

党的十九届五中全会指出，我国将进入新发展阶段，要坚定不移贯彻新发展理念，着力构建新发展格局。在新发展阶段，我国经济由高速增长转向高质量发展，必须着眼战略全局统筹发展和安全，有效防范化解各类

安全风险，以高水平安全护航高质量发展。党的二十大报告强调"以新安全格局保障新发展格局"，在新时代新征程，我们必须坚持以总体国家安全观为指引，在发展中更多考虑安全因素，增强发展的安全性主动权，把两个"新格局"统筹协调、一体推进。

第一，坚持安全发展。理念是行动的先导，是管方向、管全局、管长远的。党的十九大把坚持总体国家安全观纳入新时代坚持和发展中国特色社会主义基本方略并写入党章，同时把统筹发展和安全上升为党治国理政的重大原则；党的十九届五中全会首次把统筹发展和安全纳入"十四五"时期经济社会发展指导思想，并列专章作出战略部署，强调"把安全发展贯穿国家发展各领域和全过程"。这些重要论述表明安全发展理念是总体国家安全观的题中之义，以新安全格局保障新发展格局在理念上就必须坚持安全发展，着力推动发展和安全深度融合。

第二，注重协同高效。在新安全格局下，协同高效意味着基于共同的"安全"目标，通过有效合作在维护国家安全上实现组织化高效运转，在新发展阶段就要从忧患意识角度把握新发展理念，这同新发展格局追求发展质量、结构、规模、速度、效益、安全相统一是高度契合的。二十届中央国安委第一次会议强调"推动各方面建设有机衔接、联动集成"，清晰体现出推进国家安全体系和能力现代化进程中对协同高效的目标要求。实际上，新时代国家安全话语体系中多有"协同""协调""联动"一类的表述，这些无不说明必须加强统筹协调，强化协同配合，充分发挥国家安全工作协调机制作用，构建全域联动、立体高效的国家安全防护体系，切实打好维护国家安全总体战、协同战。

第三，强化法治思维。作为国家治理体系和治理能力的重要依托，法治无疑具有固根本、稳预期、利长远的保障作用。进入新发展阶段，经济社会发展绝不可能是轻轻松松、一帆风顺的，这既会带来新环境新机遇，也必然面临不少新问题新挑战，此时必须牢固树立安全发展理念，坚持在法治轨道上推动安全发展、开放发展。要贯彻习近平法治思想和总体国家安全观，以"系统完备、科学规范、运行有效"为目标，不断健全完善国家安全法治体系，加强保障国家安全的制度性建设，运用法治思维和法治方式处理新发展阶段出现的各类涉及国家安全的问题，以高质量法治建设引领和促进高质量发展。

第四，加大科技赋能。习近平总书记指出，"当今世界，科学技术是第一生产力、第一竞争力"；"创新是引领发展的第一动力"。当前，全球科技创新进入空前的密集活跃期，新一轮科技革命和产业变革蓬勃兴起，深刻影响着世界发展格局，科技创新已经成为衡量一个国家综合国力和核心竞争力高低的关键指标，在这个意义上，科技创新可以说既是发展问题，也是安全问题。一方面，要增强科技创新的紧迫感和使命感，加快实现高水平科技自立自强，解决关键核心技术的"卡脖子"问题；另一方面，要强化科技对国家安全和发展的战略支撑作用，推进维护国家安全手段方式变革，不断提高运用科学技术维护和塑造国家安全的能力。

第五，夯实基层基础。党的二十大报告强调"夯实国家安全和社会稳定基层基础"。在中国式现代化建设进程中，最大的基层是群众，最大的基础是民心，基层兴则全局兴，基层强则国家强。在两个"新格局"下，必须始终坚持以人民为中心的发展思想，牢牢站稳以人民安全为宗旨的根本立场。一方面，要统筹发展和安全一切为了人民，着力解决群众反映强烈、侵害群众利益的突出问题，切实维护广大人民群众合法权益，不断提升群众的获得感、幸福感、安全感；另一方面，要统筹发展和安全一切依靠人民、动员人民，充分调动广大人民群众的积极性、主动性、创造性，始终把人民作为基础性力量，凝聚起推进安全发展的强大合力。

进入新时代，我国之所以能在维护国家安全上取得历史性成就、发生历史性变革，很重要的原因就在于在党中央集中统一领导下，坚持以总体国家安全观为统领，与时俱进深化对国家安全基本规律的认识，丰富发展国家安全理论，推动国家安全实践创新，这在新安全格局对大安全格局的丰富发展上得到了生动的诠释。在新征程上，坚持守正创新，持续推动国家安全理论创新与实践创新良性互动，才能全面落实党的二十大报告提出"推进国家安全体系和能力现代化，坚决维护国家安全和社会稳定"的战略部署。

第二章
新时代国家安全治理话语体系的"统筹论"

"统筹"是中国共产党领导社会主义现代化建设形成的宝贵经验，是处理各方面矛盾和问题的重大方针，也是科学有效的工作方法。习近平总书记指出："统筹兼顾是中国共产党的一个科学方法论。它的哲学内涵就是马克思主义辩证法。中国共产党特别强调统筹兼顾。"可见"统筹"具有十分重要的方法论意义，这是坚持系统观念和系统思维的逻辑必然。进入新时代，我国面临的风险挑战明显增多，国家安全形势日趋严峻复杂，"统筹"在国家安全中的重要性愈发凸显。从党的十九届六中全会审议通过的《中共中央关于党的百年奋斗重大历史成就和历史经验的决议》在总结就维护国家安全取得历史性成就、发生历史性变革时所提"五个统筹"①，到党的二十大报告"国家安全"专章中的"五个统筹"②，莫不体现出这一点。本章重点从发展和安全、传统安全和非传统安全、自身安全和共同安全、开放和安全、维护国家安全和塑造国家安全这五个方面，如何进行统筹进行分析阐释，考察新时代国家治理话语体系的安全"统筹论"。

第一节　在党的领导下统筹好发展和安全两件大事

　　习近平总书记在庆祝中国共产党成立100周年大会上提出以史为鉴、开创未来要把牢"九个必须"③，摆在首位的是"必须坚持中国共产党坚强

---

① 党的十九届六中全会《决议》中的"五个统筹"为：统筹发展和安全、开放和安全、传统安全和非传统安全、自身安全和共同安全、维护国家安全和塑造国家安全。
② 党的二十大报告中的"五个统筹"为：统筹外部安全和内部安全、国土安全和国民安全、传统安全和非传统安全、自身安全和共同安全，统筹维护和塑造国家安全。
③ "九个必须"是对中国共产党百年奋斗经验和启示的深刻总结，科学回答了党和国家事业发展的领导核心、价值追求、理论指导、战略支撑、外部环境、力量来源等一系列重大问

领导"。在"必须进行具有许多新的历史特点的伟大斗争"这个"必须"中，总书记又强调在新征程上，要"贯彻总体国家安全观，统筹发展和安全"。党的十八大以来，以习近平同志为核心的党中央高度重视统筹发展和安全，习近平总书记在不同场合多次对发展和安全的关系、统筹的重要性等问题作出深刻阐述。党的十九届五中全会更是站在党和国家事业发展全局高度，首次把统筹发展和安全纳入"十四五"时期我国经济社会发展指导思想，并作出战略部署。进入新时代，在党的坚强领导下统筹好发展和安全两件大事，对于在新发展阶段推动安全发展、建设更高水平的平安中国具有重要现实意义。

一、新时代党治国理政的一个重大原则

办好中国的事情，关键在党。发展是我们党执政兴国的第一要务，安全是党和国家长治久安的重要保障，要办好发展和安全这两件大事，同样关键在党，关键在核心。党政军民学，东西南北中，党是领导一切的。统筹好发展和安全两件大事，就必须坚持和加强党的全面领导，充分发挥党总揽全局、协调各方的领导核心作用。在新时代国家安全语境下，统筹发展和安全成为我们党治国理政的一个重大原则，始于党的十八大以来以习近平同志为核心的党中央对"增强忧患意识"的重视和强调。2014年4月15日，在中央国家安全委员会第一次会议上，习近平总书记发表重要讲话指出："增强忧患意识，做到居安思危，是我们治党治国必须始终坚持的一个重大原则。"党的十九大报告进一步明确，统筹发展和安全，增强忧患意识，做到居安思危，是我们党治国理政的一个重大原则。此时，统筹发展

题，具体包括：必须坚持中国共产党坚强领导；必须团结带领中国人民不断为美好生活而奋斗；必须继续推进马克思主义中国化；必须坚持和发展中国特色社会主义；必须加快国防和军队现代化；必须不断推动构建人类命运共同体；必须进行具有许多新的历史特点的伟大斗争；必须加强中华儿女大团结；必须不断推进党的建设新的伟大工程。

和安全经由党的全国代表大会上升为党治国理政的重大原则。

治国理政重大原则，集中反映了一个政党治国理政所依凭的具有基础性、指导性、稳定性的原理和准则。把统筹发展和安全作为治国理政的一个重大原则，是我们党创造性地运用马克思主义基本原理的重要成果，是党中央站在战略和全局高度对经济社会发展历史和现实经验作出的科学总结，体现了新时代国家治理的内在逻辑及其运行规律，为安全发展提供了基本遵循和行动指南。统筹发展和安全重大原则至少蕴含着三种深刻的思维意识，它们共同构成这一重大原则的三个"理论支点"。

首先是忧患意识。忧患意识承载着深厚的民族精神，集中反映了中华民族的生存发展智慧。古语云："天下虽安，忘战必危。""安而不忘危，存而不忘亡，治而不忘乱。"[1] 习近平总书记指出，我们党在民族危亡、内忧外患中诞生，"始终有着强烈的忧患意识、风险意识"。正是生于忧患，方需居安思危，通过统筹好发展和安全防范化解各种风险挑战。其次是底线思维，即凡事从坏处准备，努力争取最好结果，习近平总书记常说"有备无患"，"备豫不虞，为国常道"，就体现了这种思维。而统筹发展和安全必然要守住发展中的安全底线。最后是系统思维，其要求立足整体、统揽全局，在"系统—要素""要素—要素""系统—环境"的关系中去思考问题、把握事物，正确处理整体与部分、结构与功能之间的关系，防止陷入片面性的泥沼。统筹发展和安全成为总体国家安全观的重要关系范畴，新发展理念也要求发展规模、速度、质量、结构、效益、安全有机统一，都清晰展现出系统思维。毫无疑问，这些支撑理论创新的思维意识，将随着统筹发展和安全重大原则在治国理政中的自觉运用，融入新时代推动实现安全发展伟大实践。

---

[1] 陈曦译注：《司马法》卷上《仁本第一》，北京：中华书局，2018年，第221页；周振甫译注：《易经译注·系辞下传》，北京：中华书局，2013年，第280页。

二、深刻认识发展和安全的辩证关系

习近平总书记精辟指出,"安全和发展是一体之两翼、驱动之双轮";"没有安全和稳定,一切都无从谈起"。两者共生共长,互为条件,不可偏废。在党领导全国各族人民从站起来、富起来到强起来的百年光辉历程中,对发展和安全关系的认识不断走向深化。在站起来阶段,我们更强调安全;在富起来阶段,我们更重视发展;在强起来阶段,则必须统筹发展和安全。站在新征程的历史起点上,只有胸怀"两个大局",心系"国之大者",深刻认识发展和安全的辩证关系,自觉把握发展和安全的辩证法,才能为统筹好发展和安全两件大事奠定丰富认识基础。

一方面,国家安全是安邦定国的基石,构成发展的前提。习近平总书记强调,国家安全和社会稳定是改革发展的前提。我们党要巩固执政地位,团结带领人民实现中华民族伟大复兴的历史使命,保证国家安全是头等大事。只有国家安全和社会稳定,才能推进经济社会持续健康发展。在羸弱的安全条件下,一个国家越是富甲天下,越容易招致贪婪目光和安全威胁。历史上宋朝就颇具代表性,宋代是我国经济文化高度繁荣的时期,国学大师陈寅恪评价说,"华夏民族之文化,历数千载之演进,造极于赵宋之世"。但是,宋朝实行崇文抑武的国策,军事力量弱小,无法同北方少数民族政权抗衡。公元1005年,北宋和辽缔结"澶渊之盟",约为兄弟之国,宋每年要送给辽大量"岁币"来换取和平;公元1127年发生"靖康之耻",金军南下攻破宋都,掳走徽、钦二帝,北宋灭亡。南宋长期偏安江南一隅,多次妥协退让与金国议和,最终也未能逃脱被元朝灭国的悲惨结局。历史向我们昭示,发展才是硬道理,安全同样是硬杠杠,它是发展最基本、最重要的前提,没有安全的发展是脆弱和不稳定的。从长期来看,不安全必然会对发展产生负面影响,甚至使来之不易的发展成果化为乌有。

另一方面,发展是解决我国一切问题的基础和关键,构成安全的保障。习近平总书记指出："发展是基础，经济不发展，一切都无从谈起。"进入新时代，我国社会主要矛盾已经转化为人民日益增长的美好生活需要和不平衡不充分的发展之间的矛盾。社会主要矛盾的变化无疑对国家安全提出了新的时代课题。在新征程上，要破解各种矛盾问题，防范化解重大安全风险，归根结底得靠发展。古语云："仓廪实而知礼节，衣食足而知荣辱。"[1]只有推动经济社会持续健康发展，才能为实现更高水平、更宽领域的安全提供坚实物质基础。这方面的教训同样值得我们警醒。"冷战"时期，苏联为了与美国争夺世界霸权，奉行优先发展重工业的方针，将多数资源投入国防建设领域，虽然一定程度上取得了能同美国对抗的军事实力，但过度的军费开支却严重拖累了经济发展，经济畸形最终成为拖垮苏联的一个重要因素。由此可见，没有经济社会发展为推动力，便无法为安全形成雄厚的物质基础和国力支撑，此时人民安居乐业、社会安定有序、国家长治久安就会成为虚幻的空中楼阁。可以说，没有发展的安全必定是基础薄弱、不可持续的，不发展就是最大的不安全。

三、把安全发展贯穿于新发展阶段国家发展各领域和全过程

党的十九届五中全会提出，"把安全发展贯穿国家发展各领域和全过程，防范和化解影响我国现代化进程的各种风险，筑牢国家安全屏障"。同时还强调"把新发展理念贯穿发展全过程和各领域"。这充分彰显出统筹发展和安全两件大事的全局战略意义。安全发展是把握新发展阶段、贯彻新发展理念、构建新发展格局的应有之义和必然要求，也为统筹发展和安全明确了目标路径。

第一，在发展中更多考虑安全因素。在新发展阶段，我国发展虽然仍

---

[1] ［汉］司马迁：《史记》卷62《管晏列传》，北京：中华书局，1959年，第2132页。

处于重要战略机遇期，但是面临的内外部风险空前上升。特别是受新冠肺炎疫情全球大流行冲击，逆全球化趋势愈发明显，单边主义、保护主义抬头，世界经济低迷，国际格局正在经历前所未有的深刻调整。如习近平总书记所指出，当前和今后一个时期，我国发展进入各种风险挑战不断积累甚至集中显露的时期，面临的重大斗争不会少。正确认识和把握安全形势的这些新变化，是在发展中更多考虑安全的必要前提。要聚焦发展出现的新问题，把对安全因素的考虑转化为制度机制的硬约束，持续加强保障国家安全的制度建设，借鉴国外经验研究设置必要的"玻璃门"①，在不同阶段加不同的锁，健全完善开放型经济安全保障体系。习近平总书记强调："越开放越要重视安全，越要统筹好发展和安全，着力增强自身竞争能力、开放监管能力、风险防控能力。"这些能力既要体现在安全发展中，亦应通过深入推进国家安全体系和能力现代化呈现出来。

第二，以新发展理念指引国家安全工作。理念是行动的先导，发展是安全的目的。进入新发展阶段，发展环境发生深刻复杂变化，我们党在总结反思国内外发展经验教训的基础上，开创性地提出创新、协调、绿色、开放、共享的发展理念。作为一个系统的理论体系，新发展理念科学回答了发展中的一系列重大理论和实践问题，为国家安全工作提供了思想指引。完整、准确、全面贯彻新发展理念，必须从根本宗旨、问题导向、忧患意识等方面把握国家安全工作。从根本宗旨看，发展的根本目的是让人民过上好日子，而国家安全工作坚持以人民安全为宗旨，一切为了人民，一切依靠人民，两者目标取向一脉相承。从问题导向看，深入贯彻落实新发展理念，需解决贫富差距、科技"卡脖子"、能源体系不合理等发展不平衡不充分问题，这些亦构成国家安全治理的重点领域。从忧患意识看，在新发

---

① "玻璃门"指出于维护国家安全目的，对外国投资展开的安全审查，目前我国有 2015 年出台的《自由贸易试验区外商投资国家安全审查试行办法》、2020 年出台的《外商投资安全审查办法》等制度规范。

展阶段，无论发展抑或安全都非常强调危机意识、风险意识的重要性，坚持发展和安全并重，树牢安全发展理念。

第三，努力实现发展和安全动态平衡。习近平总书记强调，"实现高质量发展和高水平安全的良性互动"，"努力实现发展和安全的动态平衡"。按照马克思主义矛盾观，发展和安全动态平衡体现了人类社会发展一般规律，生产力和生产关系、经济基础和上层建筑的矛盾运动，为动态平衡实践提供了哲学基础。在全球新一轮科技革命和产业变革中，发展和安全的动态平衡问题尤为突出。随着互联网、大数据、人工智能与实体经济深度融合，各种新模式新业态加速涌现，一方面满足了人民日益增长的美好生活需要，另一方面又不断加剧安全风险累积。例如，大数据在方便生活的同时带来隐私泄露风险，由此衍生出个人信息安全问题。这需要转变以往静态安全的思路和做法，在发展和安全之间寻求动态平衡：一面是对安全底线的"刚性"坚守，一面要为新模式新业态留足创新和发展的"弹性"空间。此外，要在新发展阶段充分运用系统思维，关注各种安全因素的连锁联动、叠加升级，通过动态平衡发展和安全，防范结构性和系统性风险发生，促成高质量发展和高水平安全良性互动格局。

行百里者半九十。习近平总书记多次告诫全党："中华民族伟大复兴，绝不是轻轻松松、敲锣打鼓就能实现的。"在向着第二个百年奋斗目标迈进的新征程上，改革发展不会一帆风顺，必然会遇到艰难险阻甚至惊涛骇浪。唯有在党的坚强领导下统筹发展和安全，敢于斗争，善于斗争，才能战胜一切风险挑战，推动"中国号"巨轮乘风破浪、勇毅前行。

第二节　把握统筹传统安全和非传统安全的维度

自 2014 年 4 月习近平总书记在中央国家安全委员会第一次会议上明确

提出贯彻落实总体国家安全观,必须"既重视传统安全,又重视非传统安全"以来,"统筹传统安全和非传统安全"先后被写入党的十九大报告、党的十九届五中全会审议通过的《中共中央关于制定国民经济和社会发展第十四个五年规划和二〇三五年远景目标的建议》(以下简称《建议》)、党的十九届六中全会通过的《中共中央关于党的百年奋斗重大成就和历史经验的决议》(以下简称《决议》)和党的二十大报告。这一重要论述丰富了总体国家安全观的核心要义,使党的国家安全理论持续创新发展。我们可以从基本前提、根本遵循、重要路径三重维度把握"统筹传统安全和非传统安全"的深刻内涵,坚持统筹各领域安全,不断推进国家安全体系和能力现代化。

一、传统安全威胁和非传统安全威胁相互交织是统筹的基本前提

传统安全和非传统安全是各不相同却又是彼此相关的一对概念。传统安全古已有之,主要涉及军事、政治、外交等方面的安全,其以主权国家为中心、以军事对抗为表征,相应的军事威胁构成传统安全最为主要的威胁。而非传统安全威胁则是相对于传统安全威胁而言的,指除传统安全威胁以外,其他对人类整体的安全与福祉所构成的安全威胁,如恐怖主义、网络安全、国际金融危机、重大传染性疾病、气候变化等。[①] 纵观安全威胁的发展演变史,冷战结束是一个重要的分水岭,冷战前以传统安全威胁为主,冷战后人类社会面临越来越多的非传统安全威胁。当前,百年变局和

---

① 有学者总结指出:"总体上,中国多数学者认为,非传统安全的提出,是一次对以军事安全、政治安全为核心的传统安全观的深化,是从国家安全跨越到共同安全、全球安全、人类安全的一场拓展,也是一次从军事、政治、外交的'高政治安全'向人的安全与社会安全的'低政治安全'的深刻转型。"参见余潇枫主编:《非传统安全概论》(上卷),北京:北京大学出版社,2020年,第27页。

世纪疫情相互叠加，国际国内形势发生深刻复杂变化，世界进入新的动荡变革期。在新的历史条件下，传统安全威胁没有随之消失，非传统安全威胁又层出不穷。各种传统安全和非传统安全问题带来了新的考验，全球性挑战日益增多，国际形势不稳定因素增加、不确定风险上升。正是基于此，习近平总书记指出："当前我国国家安全内涵和外延比历史上任何时候都要丰富，时空领域比历史上任何时候都要宽广，内外因素比历史上任何时候都要复杂。"这一重要战略判断充分说明，传统安全威胁和非传统安全威胁相互交织成为"三个任何时候"的逻辑必然，同时也构成必须统筹两类安全威胁的基本前提。

由于对国家安全内涵外延的认识，在不同时空背景下并非静止不变，而是要随时代发展变化进行动态调整，因此传统安全威胁和非传统安全威胁间也就没有绝对界限，两者相互交织往往呈现出明显的渗透和转化关系。而在"渗透""转化"过程中，传统安全威胁和非传统安全威胁难以截然分割，形成"你中有我、我中有你"的融合共生关系。一方面，在全球格局加速重组、大国竞争持续角力的背景下，政治、军事、国土等传统安全领域日益融入了更多非传统安全因素，致使安全问题由"传统"向"非传统"不断延伸拓展；另一方面，不少非传统安全威胁又与传统安全相结合而形成紧密的耦合关系，一个看似简单的安全问题，则很可能涉及政治、经济、文化、科技、信息等诸多安全领域。

同时，传统安全和非传统安全在一定条件下还可能相互转化。例如，因经济、资源、粮食等非传统安全问题引发国家间的矛盾冲突，最后不得不使用军事、政治等传统手段来解决问题，便是这方面的例子。也正是由于传统安全威胁和非传统安全威胁相互交织，在时代话语体系中总是把两者相提并论，并越来越深刻地认识到传统安全在内容、形式、结果等方面的"非传统化"趋势，以及非传统安全自身的广泛性、跨国性、突发性、不确定性等主要特征。

二、总体国家安全观是统筹传统安全和非传统安全的根本遵循

思想是行动的先导,新思想引领新安全。作为我们党历史上第一个被确立为国家安全工作指导思想的重大战略思想,总体国家安全观是新时代国家安全工作的根本遵循和行动指南,也是长期以来党领导人民维护国家安全实践经验与集体智慧的结晶。统筹传统安全和非传统安全亦然,其既是总体国家安全观核心内涵的有机组成部分,又必须坚持以总体国家安全观为指导统筹好两类安全。

一方面,统筹传统安全和非传统安全构成总体国家安全观的核心内涵。总体国家安全观是一个内涵丰富、开放包容的战略思想体系,从提出以来得到不断丰富和发展,在这个过程中统筹传统安全和非传统安全一直是其核心内涵的一项重要内容。2014年,总体国家安全观首次提出时便以"既+又"式的表达,把传统安全与非传统安全作为总体国家安全观原初内涵必须同时重视的"五对关系"之一;2020年,党的十九届五中全会审议通过《建议》,在第十三部分"统筹发展和安全,建设更高水平的平安中国"中明确提出统筹传统安全和非传统安全[①];同年,习近平主持中共中央政治局第二十六次集体学习提出贯彻总体国家安全观的"十个坚持",第六个坚持即"坚持统筹推进各领域安全,统筹应对传统安全和非传统安全";2021年,党的十九届六中全会通过《决议》,把统筹传统安全和非传统安全作为总体国家安全观内涵新发展的"五个统筹"之一;2022年,习近平在博鳌亚洲论坛2022年年会开幕式上发表主旨演讲提出全球安全倡议,其核心要义为"六个坚持",也包括"坚持统筹维护传统领域和非传统领域安全"。

---

① 《建议》原文表述为:"坚持总体国家安全观,实施国家安全战略,维护和塑造国家安全,统筹传统安全和非传统安全,把安全发展贯穿国家发展各领域和全过程,防范和化解影响我国现代化进程的各种风险,筑牢国家安全屏障。"

通过梳理总体国家安全观丰富发展的这些关键节点，可以清楚看到统筹传统安全和非传统安全始终存在于总体国家安全观的核心内涵之中，构成新时代中国特色国家安全话语体系的一个重要方面。

另一方面，总体国家安全观在统筹传统安全和非传统安全中具有指导地位。首先，总体国家安全观的指导地位集中体现在"总体"二字上。这两个字蕴含着博大精深的哲理，在理念指导、价值引导等方面均能对统筹传统安全和非传统安全提供科学的思想指引，如作为理念的"总体"着眼于国家安全涵义的全面性、布局的系统性，强调推动构建"大安全"格局，这显然与统筹传统安全和非传统安全必须构建集各领域安全于一体的国家安全体系的精神高度契合。其次，这种指导地位还体现在总体国家安全观呈现出的思维方法上。例如，总体国家安全观强调善于把握事物发展总体趋势和方向的战略思维，而统筹传统安全和非传统安全正是一种国家层面的战略性安排，传统安全威胁和非传统安全威胁相互交织则是立足全球视野提出的战略判断。又如，总体国家安全观内蕴强调整体性、结构性、动态性的系统思维，这无疑对解决当前联动性、跨国性、多样性更加突出的安全问题，以及携手各国共同应对包含传统和非传统因素的全球安全挑战具有重要的方法论意义。

三、坚持底线思维防范化解重大风险是统筹传统安全和非传统安全的重要路径

非传统安全威胁有着不同于传统安全威胁的诸多新特点，两者相互交织更是会带来全球性风险挑战，此时必须保持居安思危，坚持底线思维，下好先手棋、打好主动仗，着力防范化解重大风险。① 2019 年和 2022 年，

---

① 一般而言，重大风险是指能够产生系统性、全局性、颠覆性影响的风险。

习近平总书记在省部级主要领导干部专题研讨班上发表重要讲话，均强调了防范化解重大风险维护国家安全相关问题，为统筹传统安全和非传统安全划出了重点，明确了路径。

第一，在坚持底线思维增强忧患意识中统筹。底线思维就是在评估风险的基础上，从最坏处着眼"加固底板"，争取最好的结果。底线思维与忧患意识紧密相连，底线是知危图安中不容突破的底线，党的十九大报告也明确把"增强忧患意识，做到居安思危"作为党治国理政的一个重大原则。非传统安全威胁是全球安全稳定的"最大变量"，会对人类安危福祉产生重大影响，在传统安全威胁和非传统安全威胁相互交织情况下，各种风险往往不会孤立出现，而是很可能演变升级为"风险综合体"，由此带来的影响有过之而无不及。习近平总书记指出："越是取得成绩的时候，越是要有如履薄冰的谨慎，越是要有居安思危的忧患，绝不能犯战略性、颠覆性错误。"只有坚持底线思维，增强忧患意识，深刻认识国际国内大势，守牢不发生系统性风险的底线，才能有效统筹传统安全和非传统安全。

第二，在把握各类重大风险特点规律中统筹。尽管新形势下可以预料和难以预料的风险挑战更多，既有"黑天鹅"也有"灰犀牛"事件，但传统安全和非传统安全仍有其变化发展规律。近年来，我国之所以能有效应对严峻复杂的国际形势和接踵而至的风险挑战，很重要的一点就是在准确把握各类重大风险特点规律基础上，因势而谋、应势而动地进行统筹协调。以非传统安全的网络安全为例，习近平总书记强调网络安全"牵一发而动全身""没有网络安全就没有国家安全"，网络的风险性与便捷性相伴而生，风险来源也趋于多元化，并逐渐向政治、军事、经济、文化、社会等多个领域传导渗透。为此，我们遵循网络安全风险的这些特点规律，坚持党管互联网，一方面推动信息领域核心技术突破，加强关键信息基础设施安全防护，不断提高网络安全防御能力；另一方面加大依法管网治网力度，推进网络安全法治建设，提升网络安全治理效能。

　　第三，在提高防范化解重大风险能力中统筹。在推进国家安全体系和能力现代化进程中，统筹既是方法，更是一种能力。针对防范化解国家安全风险，总体国家安全观核心要义指出要将其摆在突出位置，"提高风险预见、预判能力，力争把可能带来重大风险的隐患发现和处置于萌芽状态"。因此，统筹传统安全和非传统安全必须更加注重预防预判，突出源头治理、系统治理和综合治理，不断提高防范化解重大风险的能力水平。其一，要立足当下强化风险研判，提高防范化解重大风险措施办法的精准度和有效性，防止小风险做大成大风险，局部风险发展成系统性风险，国际风险演变为国内风险；其二，要着眼长远加强能力建设，健全完善防范化解重大风险体制机制、维护国家安全的统筹协调机制，提高运用科学技术维护国家安全的能力，用好国家安全政策工具箱。

第三节　把握统筹自身安全和共同安全的维度

　　自 2014 年习近平总书记在中央国家安全委员会第一次会议上明确提出贯彻落实总体国家安全观，必须"既重视自身安全，又重视共同安全"以来，"统筹自身安全和共同安全"这一重要提法先后被写入党的十九大报告和十九届六中全会通过的《决议》。2022 年，我国提出全球安全倡议后，"统筹自身安全和共同安全"的内涵得到进一步升华，这既丰富发展了总体国家安全观，使党的国家安全理论持续创新，亦有助于完善全球安全治理体系，推进国际共同安全。我们可以从前提、目标、路径三重维度把握"统筹自身安全和共同安全"的深刻内涵，为推动构建人类安全共同体贡献中国力量。

一、前提维度：安全问题的联动性、跨国性、多样性更加突出

马克思主义认为，物质世界是普遍联系和永恒发展的。尽管近年来单边主义、保护主义抬头，"逆全球化"思潮暗流涌动，但不可否认世界仍然是一个不可分割的整体，全球化是历史大势所趋。在这个普遍联系的世界中，各国利益紧密相连，人类命运休戚与共，而与之相伴而生的则是全球性安全问题逐渐凸显，人类面临着更多的共同挑战。基于此，习近平总书记提出"安全问题的联动性、跨国性、多样性更加突出"的重要论断，构成在新时代认识与统筹自身安全和共同安全的基本前提。

首先是"联动性"，强调影响安全的诸多"个体"因素是相互交织、相互作用、相互转化的，而"整体"的安全问题与政治、经济、文化、民族、宗教等其他问题亦密切关联。因此，不能以孤立、片面、静止的眼光看待某个看似简单的安全问题，而要用普遍联系的观点去全面、关联、动态地认识和把握安全问题，避免陷入"头痛医头、脚痛医脚"治标不治本的困境。

其次是"跨国性"，强调安全问题是超越国界的，特别是在日益数字化、网络化、智能化的世界，安全问题的无国界性表现得更加明显。也正是受安全风险跨国（境）流动的影响，安全问题在不同的国家（地区）形成了风险"洼地效应"或"溢出效应"。从这个意义讲，世界上没有绝对安全的"世外桃源"，任何国家都不可能从他国的动荡中收获稳定，别国面临的安全威胁完全可能演变为本国面临的安全挑战，而一国的绝对安全则意味着其他国家的绝对不安全。

最后是"多样性"，强调安全问题的内涵和外延随时代发展不断拓展，表现形式也走向多元化、复杂化。当前，随着政治、国土、军事等传统安全向非传统安全领域扩展，全球面临的以人类安全与福祉为表征的非传

安全风险持续上升，其安全威胁来源越来越具有不确定性和多样性，而安全领域则几乎涵盖了除传统安全领域以外的全球社会所有领域，如生物、深海、太空、极地等新型领域安全问题被不少国家所重视并提上议程，便清楚体现了这一点。

总之，在百年变局和世纪疫情叠加背景下，安全问题呈现出更加突出的联动性、跨国性和多样性，传统安全和非传统安全威胁相互交织，安全领域风险挑战不断加剧，国际安全形势面临的不稳定性不确定性更加突出，这些都需要我们统筹好自身安全和共同安全，携手各国共同维护世界和平稳定，共同应对全球安全治理挑战。

二、目标维度：建设一个持久和平、普遍安全的世界

目标决定方向，道路决定命运。2017年，习近平主席在瑞士日内瓦万国宫发表题为《共同构建人类命运共同体》的主旨演讲，全面系统阐述了人类命运共同体理念，提出建设一个"持久和平、普遍安全、共同繁荣、开放包容、清洁美丽"的世界。这二十字构成了人类命运共同体理念的核心内涵，其中"持久和平、普遍安全"与安全问题最为相关，在新思想新理念引领下，统筹自身安全和共同安全具有十分清晰明确的目标价值取向。此后，习近平总书记又在不同场合多次强调"持久和平、普遍安全"[1]。梳理归纳这些具有鲜明的时代性、世界性的重要论述，其有机融合了国际视

---

[1] 例如，2018年，习近平出席金砖国家领导人第十次会晤并发表重要讲话，强调金砖国家要携手努力，共同推动建设持久和平、普遍安全、共同繁荣、开放包容、清洁美丽的世界；2021年1月，习近平在世界经济论坛"达沃斯议程"对话会上的特别致辞指出，我们将立足新发展阶段，贯彻新发展理念，积极构建以国内大循环为主体、国内国际双循环相互促进的新发展格局，同各国一道，共建持久和平、普遍安全、共同繁荣、开放包容、清洁美丽的世界；2021年10月，习近平在中华人民共和国恢复联合国合法席位50周年纪念会议上的讲话指出，我们应该携手推动构建人类命运共同体，共同建设持久和平、普遍安全、共同繁荣、开放包容、清洁美丽的世界。

第二章 新时代国家安全治理话语体系的"统筹论"

野和中国情怀，既深刻指出风险挑战所在，又从实现全球安全治理目标角度回答了"世界怎么了，我们怎么办"的"时代之变""世界之问"。

实际上，要追求"持久和平、普遍安全"目标，就必须站在"统筹自身安全和共同安全"立场，对全球共同挑战、世界安危与共形成清醒的认识。这表现在时代话语中，常常是先提风险挑战，再讲建设目标。2017年1月，习近平主席在日内瓦万国宫发表主旨演讲指出，"人类正处在大发展大变革大调整时期，也正处在一个挑战层出不穷、风险日益增多的时代"；2017年10月，党的十九大报告指出，"我们生活的世界充满希望，也充满挑战"；2017年11月，习近平主席在亚太经合组织工商领导人峰会上的主旨演讲指出，"当今世界充满挑战，前面的道路不会平坦"；2018年6月，在上海合作组织成员国元首理事会第十八次会议上的讲话指出，"当前，世界发展既充满希望，也面临挑战，我们的未来无比光明，但前方的道路不会平坦"；2018年7月，在出席金砖国家领导人第十次会晤并发表重要讲话指出，"地缘政治冲突此起彼伏，保护主义和单边主义愈演愈烈"；2018年9月，向2018年国际和平日纪念活动致贺信指出，"各国面临的安全威胁日益复杂，战争威胁始终挥之不去"；2019年3月，同法国总统马克龙会谈时指出，"当今世界正经历百年未有之大变局，人类处在何去何从的十字路口"；2020年11月，在上海合作组织成员国元首理事会第二十次会议上的讲话指出，"新冠肺炎疫情加速了国际格局调整，世界进入动荡变革期"；2021年10月，在中华人民共和国恢复联合国合法席位50周年纪念会议上的讲话指出，"当前，世界百年未有之大变局加速演进，和平发展进步力量不断增长"等。正是在指出以上这些全球所共同面临风险挑战的基础上，再提出建设持久和平、普遍安全的世界的目标，使这一目标具有更为强烈的时代价值、问题意识和世界意义。

"持久和平、普遍安全"目标还蕴含着由己及人，放眼全球，心系全人类前途命运和安危福祉的安全治理逻辑，正如习近平总书记所指出的："邻居出了问题,不能光想着扎好自家篱笆,而应该去帮一把。"统筹自身安全和共同安全也展现了相同的逻辑,在时代话语中不乏在提出"持久和平、普遍安全"前,把"自身"和"共同"勾连起来的表达,如"我们要发挥负责任大国作用";"我们要始终不渝走和平发展道路";"中国人民历来富有正义感和同情心,历来把自己的前途命运同各国人民的前途命运紧密联系在一起,始终愿意尽最大努力为人类和平与发展作出贡献";"人类是一个整体,地球是一个家园"等。这些充分说明在具备关注自身安全的"家国情怀"的同时,还需要追求共同安全的"全球关怀",只有这样方能真正实现"时间"上的持久和平和"空间"上的普遍安全目标。

三、路径维度:共建人类安全共同体

任何目标都要通过正确的路径才能实现,否则就是一个虚化目标。2022 年,习近平主席在博鳌亚洲论坛 2022 年年会开幕式上发表主旨演讲,首次提出全球安全倡议,强调"人类是不可分割的安全共同体"。之后,在金砖国家外长会晤开幕式上发表视频致辞再次提出"共建人类安全共同体"。作为人类命运共同体理念的丰富发展,共建人类安全共同体成为应对国际安全新形势新挑战的中国智慧、中国方案,也是统筹自身安全和共同安全的必由之路。

第一,坚持全球安全观,共建人类安全共同体。理念是实践的先导。身处百年未有之大变局,人类社会该向何处去,必须有正确的理念来引领。作为总体国家安全观重大战略思想的重要组成部分,共同、综合、合作、可持续的全球安全观源于总体国家安全观强调的"国际安全""共同安全",被列为全球安全倡议核心要义的"六个坚持"之首,为共建人类安全共同体提供了科学的思想指引。其中,"共同"强调安全具有普遍性、平等性和包容性,世界上任何一个国家不分大小强弱、不论社会制度如何,其安全都应当得到尊重和保障;"综合"指要统筹维护传统和非传统领域安全,统筹应对现实安全威胁和潜在安全风险,协调推进全球安全综合治理;"合作"就是要增进战略互信,通过对话合作的"和平"方式促进各国和本地区安全;"可持续"指要统筹好发展和安全,以可持续发展促进实现持久安全。全球安全观这四大要素是相辅相成、有机统一的,既统合于"全球安全"这一核心理念,又分别从实现安全的主体、领域、方式、目标等方面,对共建人类安全共同体提供了具体明确的理念指引。

第二,统筹发展和安全,共建人类安全共同体。安全是发展的前提,发展是安全的保障,要在深刻把握两者辩证关系的基础上共建人类安全共同体。当前,全球经济复苏乏力,南北发展鸿沟拉大,地缘政治冲突加剧,全球发展不平衡不充分问题越来越突出,这些都容易引发安全的连锁反应,只有发展才是解决所有问题的"总钥匙"。2021年,习近平主席在北京以视频方式出席第七十六届联合国大会,提出全球发展倡议,其主要内容为"六个坚持",即坚持发展优先,坚持以人民为中心,坚持普惠包容,坚持创新驱动,坚持人与自然和谐共生,坚持行动导向。全球发展倡议与全球安全倡议相得益彰,两大倡议内涵丰富、体系完整,内蕴着在全球层面统筹好发展和安全,构建全球发展共同体和人类安全共同体的大逻辑、大格局,为在新时期完善全球发展和安全治理体系绘就了蓝图,明确了路径。一方面,我们要大力弘扬和平、发展、公平、正义、民主、自由的全人类共同价值,坚定不移走和平发展道路,始终做世界和平的建设者、全球发展的贡献者和国际秩序的维护者;另一方面,各国也应携起手来,把握经济全球化发展大势,合力应对全球性威胁和挑战,推动实现共同发展与普遍安全。

第三,加强对话与合作,共建人类安全共同体。合则赢,斗则败。历史和实践证明,对话合作是处理国家间关系、解决国家间矛盾成本最低,也是最文明的方式。合作本是全球安全观的核心要素之一,全球安全倡议提出"坚持通过对话协商以和平方式解决国家间的分歧和争端，支持一切有利于和平解决危机的努力，不能搞双重标准，反对滥用单边制裁和'长臂管辖'"，其中也包含了以对话合作解决问题的道理。我们应从"坚持什么"和"反对什么"两方面着力，该坚持的坚定不移，该反对的旗帜鲜明。要坚持求同存异，聚同化异，寻求各国安全利益最大公约数，通过坦诚深入的对话沟通，不断夯实合作基础，拓展合作领域，创新合作方式；坚持多边主义，恪守联合国宪章宗旨和原则，坚定维护以联合国为核心、以国际法为基础的国际多边秩序。同时，摒弃"冷战"思维和零和博弈观念，不搞单边主义、以邻为壑、以大欺小、集团对抗等，反对把本国的安全建立在他国不安全基础之上，真正在共商共建共享中筑牢人类安全共同体。

第四节　理解"统筹开放和安全"时代蕴含的维度

党的十九届六中全会审议通过《决议》，在对党的十八大以来维护国家安全的历史性成就和历史性变革进行总结时提出"五个统筹"，即统筹发展和安全，统筹开放和安全，统筹传统安全和非传统安全，统筹自身安全和共同安全，统筹维护国家安全和塑造国家安全。其中，"统筹开放和安全"首次出现在党的中央全会文件中。这一富有时代意蕴的表述丰富发展了总体国家安全观，彰显出新的价值内涵，对于在新征程上贯彻总体国家安全观，构建新发展格局和大安全格局，具有深远的战略意义。

一、在时代话语中把握开放和安全的辩证关系

要正确把握开放和安全的关系，应该在统筹发展、开放与安全的时代

话语中寻找答案。在"统筹开放和安全"写入《决议》之前，习近平总书记曾在不同场合提及这一表述。2020年11月，习近平主持召开全面推动长江经济带发展座谈会指出"要构筑高水平对外开放新高地"，"要把握好开放和安全的关系，织密织牢开放安全网"。2021年7月，习近平主持召开中央深改委第二十次会议强调"要深入推进高水平制度型开放，赋予自由贸易试验区更大改革自主权，加强改革创新系统集成，统筹开放和安全"。其中虽然没有展开阐述开放和安全的关系，却不难看到两者之间的密切关联，目的都是在新时代推动实现高质量发展。2020年10月，习近平在深圳经济特区建立40周年庆祝大会上发表重要讲话指出："越是开放越要重视安全，统筹好发展和安全两件大事，增强自身竞争能力、开放监管能力、风险防控能力。"这一表述把发展、开放、安全相互联系起来，深切反映出开放和安全的辩证关系，以及在统筹发展和安全中增强"三种能力"的具体要求，充分说明高质量发展是开放发展与安全发展的有机统一。

发展是安全的基础，安全是发展的条件。历史和实践已经证明，开放带来进步，封闭导致落后，开放是国家发展繁荣的必由之路。过去40多年，中国的巨大成就是在开放条件下取得的，进入新时代要实现高质量发展必须在更大范围、更宽领域、更深层次的对外开放条件下进行。当前，国际经济合作和竞争局面正发生深刻变化，全球经济治理体系和规则正面临重大调整，各国发展联动、机遇共享、命运与共的利益交融关系日益凸显，而开放发展要解决的正是发展的内外联动问题。只有主动把握经济全球化潮流，持续扩大对外开放，积极参与全球经济治理，才能更好利用全球资源和市场，为高质量发展注入新动力、增添新活力、拓展新空间，进而为高水平安全奠定更坚实的基础。

没有安全的发展是不稳定、不可持续的，必须把安全发展贯穿于国家发展全过程和各领域。对外开放如同打开面对外部世界的窗户，新鲜空气进来了，苍蝇蚊子也进来了。对此邓小平指出："开放政策是有风险的，会带来一些资本主义的腐朽东西。"① 这一论述虽然并非专门针对安全问题而言，却在安全之于开放发展的影响方面，给人以深刻的启迪。事实上，任何开放都是有风险的，而且随着开放广度和深度的扩大，各种可以预料和难以预料的风险挑战也会相应增多，但越是风急浪高，越要勇毅前行，坚定不移推进高水平对外开放。此时，要把握好开放和安全的辩证关系，在开放中更多地考虑安全因素，织密织牢开放安全网，推动高质量发展和高水平安全动态平衡，不断增强开放发展进程中动态维护国家安全的本领。

二、在扩大开放中维护和塑造国家安全

习近平总书记指出："坚持维护和塑造国家安全，塑造是更高层次更具前瞻性的维护，要发挥负责任大国作用，同世界各国一道，推动构建人类命运共同体。"显然，维护和塑造国家安全都是在对外开放条件下进行的。进入新发展阶段，我国对外开放基本国策不会动摇，开放的大门会越开越大，必须在扩大开放中统筹好开放和安全。

在扩大开放中丰富发展总体国家安全观。总体国家安全观自2014年被创造性提出以来，就是一个内容丰富、开放包容、不断发展的战略思想体系，在扩大开放中其开放包容性变得越来越强。例如，总体国家安全观最初涉及十一个国家安全重点领域，时至今日已拓展至二十多个，其中海外利益、数据、生物、人工智能等新型领域安全，无不与扩大开放紧密相关，而信息社会条件下的网络、数据、人工智能等安全问题本身就发生在具有开放性的虚拟空间中。此外，要坚持以开放性思维不断丰富和发展总体国家安全观，如针对疫情防控工作，习近平总书记提出的"疫情防控的人民战争、总体战、阻击战"，"坚持在常态化疫情防控中加快推进生产生活秩

---

① 《邓小平文选》（第3卷），北京：人民出版社，1993年，第139页。

序全面恢复","共同构建人类卫生健康共同体"等一系列重要论述便清晰体现了这一点。这些论述使总体国家安全观与时俱进丰富发展,对疫情防控本身和未来在重大突发公共卫生事件中维护和塑造国家安全皆具有重要战略指导意义。

一是在扩大开放中完善国家安全制度。不同于商品、服务、资金、人才等要素的流动型开放,新时代扩大开放的一个重要特点是推动规则、规制、管理、标准等制度型开放①,构建更高水平开放型经济新体制。以扩大开放重要战略举措的自贸试验区建设为例,党中央要求扎实推进自贸试验区、海南自贸港建设,对接国际高标准经贸规则,推动制度型开放,但在制度型开放的同时也可能带来相应安全风险,如自贸试验区扩大金融领域开放、拓展金融服务功能、发展融资租赁业务等可能涉及金融风险,开放数据跨境流动则可能带来信息安全风险等。此时应着眼于风险预警防范,健全完善国家安全制度。2015 年国务院办公厅印发《自由贸易试验区外商投资国家安全审查试行办法》,2019 年国家出台《外商投资法》规定国家建立外商投资安全审查制度,2020 年国家发改委、商务部联合发布《外商投资安全审查办法》对外商投资安全审查制度作出较为全面系统的规定;近年来,我国还制定了《数据安全法》《个人信息保护法》等法律法规,对数据、信息安全等问题从制度层面作出回应。这些工作成果说明在全面扩大开放过程中要注重运用法治思维和法治方式,加快构建完善的国家安全制度体系。

二是在扩大开放中实现共同安全。在对外开放条件下,各国安全是彼此关联、相互影响的,没有一个国家能凭一己之力谋求自身绝对安全,也

---

① 较之要素流动型开放,制度型开放具有全面性、系统性、稳定性等特征,是一种更高层次、更高水平的开放,其强调对标国际通行规则,在学习规则和参与规则制定过程中,更多使用市场化、法治化手段推进开放。制度型开放既是我国以"扩大开放"促"深化改革"之需,也是我国在全球化条件下更好参与国际经济合作和竞争的需要。

没有一个国家可以从别国的动荡中收获稳定。当前，世界经济深度衰退、经济全球化遭遇逆流，单边主义、保护主义抬头，这些在某种意义上都呈现出"封闭""保守"的一面，亦是对"开放""合作"不同程度的背离。但从长远看，世界是开放的世界，一个国家要实现安全稳定，必须在开放性思维下把握经济全球化发展大势，支持扩大开放，反对单边主义、保护主义、排外主义，加强同其他国家的对话与合作，携手推动各国共同发展和普遍安全。2022 年 4 月，习近平主席在博鳌亚洲论坛 2022 年年会开幕式上发表主旨演讲，并首次提出"全球安全倡议"，作为应对国际安全挑战的"中国方案"，其核心要义包括"坚持共同、综合、合作、可持续的安全观""坚持重视各国合理安全关切""坚持通过对话协商以和平方式解决国家间的分歧和争端"等"六个坚持"，清楚回答了世界需要什么样的安全理念、各国怎样实现共同安全的时代课题。显然，这要求以更加开放的姿态统筹开放和安全，在安全领域践行人类命运共同体理念。

三、在新发展格局和大安全格局中推进对外开放

《决议》指出："改革开放是决定当代中国前途命运的关键一招。"进入全面建设社会主义现代化国家、向第二个百年奋斗目标进军的新征程，面对发展的新问题、安全领域的新挑战，坚持对外开放仍然是"关键一招"。我们要坚持总体国家安全观，完整准确全面贯彻新发展理念，在新发展和大安全"两个格局"中把开放不断推向前进。

一方面，开放是新发展阶段的显著标志。首先，在发展理念上，坚持新发展理念可以说是事关我国发展全局的一场深刻变革，在新发展阶段要坚持创新、协调、绿色、开放、共享的发展理念，其中"开放"作为"五大发展理念"之一，强调的即是解决发展中的内外联动问题。"十四五"规划《建议》提出"加快构建以国内大循环为主体、国内国际双循环相互促

进的新发展格局"的战略任务，对此既不能在对外开放上只讲"国内大循环"而进行大幅度收缩，也不能在对外贸易发展上，罔顾国内国际形势变化，"两头在外、大进大出"，我们仍需坚持开放发展理念，统筹好国内国际两个大局、发展安全两件大事，深入推进高水平对外开放，充分利用国内国际两个市场、两种资源。其次，在发展实践方面，进入新时代，在新发展理念指引下我们推动形成全面开放新格局，对外开放持续扩大，坚持"引进来""走出去"并重，遵循共商共建共享原则，推动共建"一带一路"高质量发展，积极参与全球经济治理体系改革，塑造我国参与国际合作和竞争的新优势。这些无不说明"开放"已经成为新发展阶段的一个显著标志，当然，对外开放并非"不设防""无监管"的开放，如果说在"站起来"阶段，我们更重视安全；在"富起来"阶段，更重视开放；在"强起来"阶段，则必须统筹好开放和安全。

另一方面，开放是构建大安全格局的应有之义。第一，作为当代中国的鲜明标识和对世界的庄严承诺，中国开放的大门不会关闭，只会越开越大，因此在新发展阶段坚持系统思维构建大安全格局，只能在全面扩大开放的条件下展开，而不可能关起门来回到封闭、隔绝的环境中进行。第二，在共同、综合、合作、可持续的全球安全观指引下，大安全格局之"大"也集中展现出国家安全的高度开放性，具体表现为各国在安全问题上休戚相关、安危与共的关系，我们不仅谋求中国一国的安全，更追求以"共同安全""普遍安全"为目标的"大"安全。这需要摒弃文明冲突、零和博弈、霸权主义、集团对抗、以邻为壑等旧思维，通过加强国际安全合作，完善全球安全治理体系，共同应对全球性风险挑战。第三，开放也体现为在构建大安全格局上的一种科学思维方法，开放性思维之于安全具有很强的方法论意义，其内蕴兼容并蓄、海纳百川的深层精神理念，有助于从全方位、大视角、多领域思考谋划国家安全，从而真正构建能够对新发展格局起到保障作用的大安全格局。

第五节　在维护和塑造的关系中深刻理解塑造国家安全的时代意涵

党的十九届六中全会从十三个方面对党的十八大以来取得的历史性成就、发生的历史性变革作出全面总结，维护国家安全是其中一个重要方面。全会通过《决议》对新时代维护国家安全取得的重大成就进行深刻阐释，提出坚持"统筹维护国家安全和塑造国家安全"。进入新时代，以习近平同志为核心的党中央在维护国家安全的基础上，创造性地提出塑造国家安全，并将两者有机结合、统筹推进，这是我们党对国家安全的重大理论创新。"塑造"高瞻远瞩、内涵丰富、立意深远，展现出强烈的时代性和鲜明的理论特质、实践品格。

一、在维护和塑造国家安全的辩证关系中正确把握"塑造"

正确把握塑造国家安全的意涵，应该在维护国家安全和塑造国家安全的时代话语体系中去寻找答案。相关话语表达主要体现为两种情形，一种是对维护和塑造国家安全作出共同强调，如《决议》中的表述即如此，此外还有党的十九届五中全会公报指出的"维护和塑造国家安全"，全会审议通过的《建议》提出"维护和塑造国家安全"等；另一种是专门针对塑造国家安全进行强调，如2020年12月11日，习近平总书记在中共中央政治局第二十六次集体学习时，就贯彻总体国家安全观提出十点要求，其中第九点强调"不断增强塑造国家安全态势的能力"[①]。两者共同强调说明维护和

[①] 原文表述为："九是坚持推进国家安全体系和能力现代化，坚持以改革创新为动力，加强法治思维，构建系统完备、科学规范、运行有效的国家安全制度体系，提高运用科学技术维护国家安全的能力，不断增强塑造国家安全态势的能力。"参见新华社：《习近平主持中央政治局第二十六次集体学习并讲话》，http://www.gov.cn/xinwen/2020-12/12/content_5569074.htm，2020-12-12。

塑造国家安全不是彼此割裂、互不相关的，而是相互联系、相互依存的辩证统一关系，专门的强调则又表明两者之间确实存在一定差别，各自具有不同的侧重点。

对于维护和塑造国家安全之间的差别，2018年4月17日，习近平总书记在十九届中央国家安全委员会第一次会议上的重要讲话中作了精辟的表述：全面贯彻落实总体国家安全观，必须"坚持维护和塑造国家安全，塑造是更高层次更具前瞻性的维护，要发挥负责任大国作用，同世界各国一道，推动构建人类命运共同体"。由此可见，两者的主要差别在于塑造强调"更高层次"和"更具前瞻性"，如果说塑造也是维护，那它实质上是一种不同于普通维护的层次更高、前瞻性更强的维护。所谓"更高层次""前瞻性更强"表明较之于"维护国家安全"，"塑造国家安全"具有更强的主动性、自觉性和创造性，要超越事后总结的思维模式而"向前看""重预判"，既立足现实，更要放眼长远，同时也更为强调要胸怀"两个大局"，站在党和国家事业发展全局的高度对国家安全进行把脉定向、谋势造势，其中必然伴随着对历史与现实、理论与实践、国内与国际的深刻把握，以及战略思维、创新思维、理论思维、辩证思维等科学思维方法的深度运用。进入新时代，我们坚持统筹维护和塑造国家安全，在维护中塑造，通过塑造实现更好地维护，形成以理念、制度和话语塑造国家安全的三重实践逻辑。

二、以理念塑造国家安全，不断丰富发展总体国家安全观

理念是客观事实的本质反映，是事物内在特质的一种外在表征，具有概括性、逻辑性、深刻性等特点。理念对行动有着先导作用，科学的思想理念往往可以塑造不同于以往的全新格局。纵观人类文明发展史，以新理念塑造新格局的例子不可胜数。总体国家安全观作为一个内容丰富、开放包容、不断发展的思想体系，关键在"总体"二字，体现出国家安全的全

面性和系统性，其强调"全面"而不是"全部"，这就科学回应了新时代我国国家安全的内涵外延更加丰富、时空领域更加宽广、内外因素更加复杂的安全形势新变化，有利于对大安全格局进行系统塑造。总体国家安全观的核心要义可以概括为以人民安全为宗旨，以政治安全为根本，以经济安全为基础，以军事、科技、文化、社会安全为保障，以促进国际安全为依托等"五大要素"，以及统筹发展和安全，统筹开放和安全，统筹传统安全和非传统安全，统筹自身安全和共同安全，统筹维护国家安全和塑造国家安全等"五对关系"。而在"总体"这一核心理念的统领下，这些都是具有开放性和包容性的概念。例如，随着形势发展变化，国家安全向生物、生态、核、网络、科技、人工智能等非传统安全领域的拓展，即体现了这种开放与包容，其无疑有助于与时俱进在新型领域塑造国家安全态势。

理念对安全的塑造还可以通过国家安全治理实践得到充分的检验与运用，进而又使理念在实践中得以不断丰富、不断发展。例如，在新冠肺炎疫情防控中，习近平总书记提出"疫情防控的人民战争、总体战、阻击战""坚持在常态化疫情防控中加快推进生产生活秩序全面恢复""共同构建人类卫生健康共同体"等关于统筹疫情防控和经济社会发展的一系列重要论述，进一步丰富和发展了总体国家安全观，其既对疫情防控本身具有重要现实指导意义，更对未来如何在重大突发公共卫生事件中维护和塑造国家安全具有重大战略意义。

三、以制度塑造国家安全，统筹推进国内法治和涉外法治

《资治通鉴》载东汉政论家荀悦语云："经国序民，正其制度。"[①] 科学完备的制度对国家安全态势的体系化塑造具有重要作用，而法律制度无疑是

---

① ［宋］司马光编著，［元］胡三省音注：《资治通鉴》卷18，元朔二年三月乙亥条，北京：中华书局，1956年，第608页。

重中之重。历史和实践雄辩地证明，体现"制度规则之治"的依法治理是一种最可靠、最稳定的治理。习近平总书记深刻指出："当今世界正面临百年未有之大变局，国与国的竞争日益激烈，归根结底是国家制度的竞争。中国发展呈现出'风景这边独好'的局面，这其中很重要的原因就是我国国家制度和法律制度具有显著优越性和强大生命力。"近年来，在党中央的坚强领导下，我国国家安全领域立法取得显著进展，制定出台了《国家安全法》《反间谍法》《国家情报法》《反恐怖主义法》《核安全法》《网络安全法》《香港特别行政区维护国家安全法》《生物安全法》《数据安全法》等一系列国家安全法律，中国特色国家安全法治体系加快完善。

与此同时必须看到，国家安全法律制度仍然存在继续健全完善的空间。特别是进入新时代，安全问题的联动性、跨国性、多样性日益突出，迫切需要以统筹国内国际两个大局战略思想为指引，切实统筹好国内法治和涉外法治。一方面，对于"人有我无"的法律制度，要善于学习借鉴国外经验，在中国特色社会主义法治框架下及时补齐制度上的短板缺项，争取实现"弯道超车"，从而塑造更为有利的国家安全态势。另一方面，要继续坚持和践行多边主义，在维护以《联合国宪章》和国际法为基础的国际秩序基础上，着力争取和提高我国制度性话语权，与国际社会一道推动重塑全球安全治理体系。对于太空、深海、极地等具有重大现实和潜在国家利益的新型领域，西方发达国家自20世纪80年代以来已经逐步将其作为国家安全战略和立法的重要内容，我国《国家安全法》第三十二条也作出了原则性规定[①]，下一步应在加强国际合作的同时加快推动相关立法进程，促成原则性规定实化细化。

[①] 《国家安全法》第三十二条规定："国家坚持和平探索和利用外层空间、国际海底区域和极地，增强安全进出、科学考察、开发利用的能力，加强国际合作，维护我国在外层空间、国际海底区域和极地的活动、资产和其他利益的安全。"

四、以话语塑造国家安全，阐述全球安全观讲好安全故事①

习近平总书记指出："落后就要挨打，贫穷就要挨饿，失语就要挨骂。形象地讲，长期以来，我们党带领人民就是要不断解决'挨打''挨饿''挨骂'这三大问题。"这一重要论断清晰阐明了话语权的重要性，以及任务的长期性和艰巨性。特别是在纷繁复杂的国际舆论场，如果缺乏国际话语权"有理说不出""说了传不开"，甚至处于"失语""无语"的状态，就难免陷入被动挨骂的不利境地，致使国家形象和安全利益受损，因此必须大力加强安全话语体系建设。为构建普遍安全的人类命运共同体，维护全球战略稳定，我们提出高举合作、创新、法治、共赢的旗帜，树立共同、综合、合作、可持续的全球安全观，加强安全领域国际合作，推进国际共同安全。这些都是中国主张、中国智慧、中国方案的集中呈现。

要努力争取安全方面的国际话语权，找到我们"想讲"与国际社会"想听"的最佳结合点，以"人类命运共同体""共同安全""和平发展""互利共赢"等能引发国际社会共鸣的新概念新范畴新表述为纽带，弘扬和平、发展、公平、正义、民主、自由的全人类共同价值，打造融通中外的安全话语体系，全面阐述我国的发展观、文明观、安全观、人权观、生态观、国际秩序观和全球治理观，让全世界都能听到并听清中国声音，进而从"普遍安全"角度把一个真实、立体、全面的中国展现给世界。同时，还要注意把握好中外传授方式之间的差异，立足源远流长博大精深的中华文明，依托我国和平发展的生动实践，把历史、现实和未来融合起来，

---

① 2021年5月31日，中共中央政治局就加强我国国际传播能力建设进行第三十次集体学习，习近平总书记在主持学习时强调，要高举人类命运共同体大旗，依托我国发展的生动实践，立足五千多年中华文明，全面阐述我国的发展观、文明观、安全观、人权观、生态观、国际秩序观和全球治理观（参见新华社：《习近平主持中共中央政治局第三十次集体学习并讲话》，http://www.gov.cn/xinwen/2021-06/01/content_5614684.htm，2021-06-01）。这一重要论述对以话语塑造国家安全提出了要求。

讲好中国乃至全人类的安全故事，增进国际社会对中国的认同与支持，减少对中国的安全疑虑和误判，从而塑造有利于国家安全的国际舆论环境。

第六节　坚持政治安全、人民安全、国家利益至上有机统一的时代意蕴

作为新时代不断丰富发展的原创性思想，"坚持政治安全、人民安全、国家利益至上有机统一"在国家安全话语体系中被数次提及，构成了总体国家安全观核心要义的重要内容。其中，政治安全是国家安全的根本，人民安全是国家安全的宗旨，国家利益至上是国家安全的准则。三者既各有独特的内涵与定位，又是相辅相成、相互贯通、不可分割的统一整体。在新时代新征程上，只有坚持以总体国家安全观为指引，深刻认识和把握政治安全、人民安全、国家利益至上的内涵及其相互关系，才能统筹推进国家安全体系和能力现代化，确保国家安全和社会稳定。

一、核心与保证：政治安全的根本地位

在总体国家安全观战略思想体系中，政治安全是国家安全的根本。2014年4月15日，习近平总书记在中央国家安全委员会第一次会议上创造性提出总体国家安全观，其中作为精髓要义的"五大要素"即包括"以政治安全为根本"。此后在总体国家安全观不断丰富发展过程中，这一表述一直得以沿用，2020年习近平总书记主持中央政治局第二十六次集体学习提出贯彻总体国家安全观的"十个坚持"，强调"以政治安全为根本"；党的二十大报告以专章对国家安全作出战略部署，其中也强调要坚持"以政治安全为根本"，"坚定维护国家政权安全、制度安全、意识形态安全"。

所谓"根本",即基础或本质之意,常用于比喻某一事物的本源、根基,政治安全之于国家安全的重要性不言而喻,正如习近平指出:"要把维护国家政治安全特别是政权安全、制度安全放在第一位","坚持把政治安全放在首要位置,维护政权安全和制度安全"。通过"第一位""首要位置"之重要表述不难看出,在整个国家安全体系中政治安全居于核心地位和最高层次,在这之中政权安全和制度安全则是核心中的核心。政治安全无疑构成新时代国家安全的"生命线",对其他领域国家安全具有决定性影响,直接关系着国家长治久安和民族兴衰存亡。

在政治安全同人民安全、国家利益至上的关系上,首先是政治安全在三者中排序的变化。2018年,习近平总书记主持召开十九届中央国家安全委员会第一次会议强调"坚持人民安全、政治安全、国家利益至上的有机统一";2019年,党的十九届四中全会审议通过的《中共中央关于坚持和完善中国特色社会主义制度、推进国家治理体系和治理能力现代化若干重大问题的决定》中也有同样的提法,此时"政治安全"在排序上是列在"人民安全"之后的。直到2020年中央政治局第二十六次集体学习提出"十个坚持",对三者的表述为"坚持政治安全、人民安全、国家利益至上有机统一",此后便沿用了这种表述,把"政治安全"放到"人民安全"之前。例如,2021年1月,习近平总书记在省部级主要领导干部学习贯彻党的十九届五中全会精神专题研讨班开班式上指出"要坚持政治安全、人民安全、国家利益至上有机统一";同年11月,中央政治局召开会议审议《国家安全战略(2021—2025年)》指出"实现政治安全、人民安全、国家利益至上相统一"等皆如此。政治安全涉及国家主权、政权、政治制度、政治秩序、意识形态等方面的稳固,其排序的前移虽然不能简单理解为"政治安全"必然比后两者更加重要,但至少可以说明政治安全确系国家赖以生存与发展之基础条件,也是国家最为根本的需求,因此在国家安全中应居于统领地位。

其次,在政治安全同人民安全、国家利益至上关系的表述上,新时代国家安全话语体系中有两种提法：一是"政治安全是国家安全的根本"，与"人民安全是国家安全的宗旨"和"国家利益至上是国家安全的准则"相区分；二是"政治安全是维护人民安全和国家利益的根本保证"。尽管从文字表达看，两种提法有所不同，但却没有本质区别。在总体国家安全意义上，政治安全无疑具有根本性、全局性重大意义，为其他领域国家安全提供政权和制度保证，如果没有政治安全的有力保证，其他领域的国家安全便无从谈起。也正是在此种逻辑下，维护好政治安全才能切实保障人民安全和国家利益，实现党的长期执政、国家长治久安和人民安居乐业。

二、宗旨与中心：人民安全的人民立场

人民安全在总体国家安全观战略思想体系中的定位是"宗旨"，自总体国家安全观提出到此后的不断丰富发展，"以人民安全为宗旨"一直是总体国家安全观的核心要义之一。不管是在国家安全法治体系、战略体系，抑或政策体系中，均有不少"人民安全"相关表述。在国家安全法治体系中，2015年颁布的《国家安全法》第十六条规定，"国家维护和发展最广大人民的根本利益，保卫人民安全"；2021年出台的《数据安全法》第28条规定，"开展数据处理活动以及研究开发数据新技术，应当……增进人民福祉"；2023年新修订的《反间谍法》第一条规定，"维护国家安全，保护人民利益"等。在国家安全战略体系中，2015年中央政治局审议通过的《国家安全战略纲要》提出"以人民安全为宗旨"；2021年中央政治局审议通过的《国家安全战略（2021—2025年）》指出"实现政治安全、人民安全、国家利益至上相统一"等。在国家安全政策体系中，"人民至上""生命至上""以民为本""以人为本"等有关人民安全的表述更是不胜枚举。在国家安全体系中，人民安全并非一个独立的国家安全领域，究其原因，可通过把握国家安全和人民利益间的关系看到：一方面，国家安全是安邦定国

的重要基石、民族复兴的根基,维护国家安全是人民的根本利益所在;另一方面,如习近平总书记指出的,在政治安全、人民安全、国家利益三者关系中"人民安全居于中心地位,国家安全归根到底是保障人民利益"。由此,人民安全实际上成为维护各领域国家安全的一种核心价值追求。

在新时代国家安全话语体系下,以人民安全为宗旨构成国家安全的根本立场,亦是坚持以人民为中心的发展思想、全心全意为人民服务宗旨的集中展现。以人民安全为宗旨的核心内涵,包括国家安全一切为了人民、一切依靠人民两大方面。国家安全一切为了人民,就必须着力解决人民群众反映强烈的安全问题,积极回应人民群众对国泰民安的期盼,切实维护人民群众的安全权益;一切依靠人民则必须充分发挥广大人民群众的积极性、主动性、创造性,始终把人民作为国家安全的基础性力量,汇聚维护国家安全的强大合力。

在人民安全同政治安全、国家利益至上的关系上,在2020年中央政治局第二十六次集体学习提出"坚持政治安全、人民安全、国家利益至上有机统一"后,"人民安全"由原先排序第一移至"政治安全"之后变为第二。但是,这并非意味着"人民安全"地位的下降,因为在新时代国家安全话语体系中,对人民安全同政治安全、国家利益至上关系的表述,也有两种提法:一是"人民安全是国家安全的宗旨",其与总体国家安全观"五大要素"中"以人民安全为宗旨"的表述保持一致;二是"人民安全居于中心地位,国家安全归根到底是保障人民利益",与"政治安全是维护人民安全和国家利益的根本保证"和"国家利益至上是实现人民安全和政治安全的要求和原则"相区别。而在这之中,不管是"宗旨"还是"中心"的定位,都足以说明人民安全在三者关系乃至总体国家安全中的核心价值。申言之,在社会主义现代化建设进程中,维护政治安全、坚持国家利益至上归根到底都是为了实现人民安全,保障人民的根本利益,三者最终统合于国家安全的人民性。

三、要求与原则：国家利益至上的行为准则

国家利益是一个主权国家在国际社会中生存和发展需求之总和，国家利益至上意味着在国与国之间、国家内部各种利益关系中国家利益是最为重要的，应当予以最优先考虑。在总体国家安全观战略思想体系中，不同于政治安全、人民安全分别有"根本"和"宗旨"的定位，对国家利益至上并未作出明确的定位。但是，在新时代国家安全话语体系中，除了将国家利益至上同政治安全、人民安全并列表述外，一个常见的表达方式是把"坚持国家利益至上"放到总体国家安全观的"五大要素""五对关系"之前。例如，党的十九大报告在"必须坚持国家利益至上"后，提出"以人民安全为宗旨，以政治安全为根本，统筹外部安全和内部安全、国土安全和国民安全、传统安全和非传统安全、自身安全和共同安全"。又如，党的十九届六中全会审议通过的《决议》在总结新时代维护国家安全的历史性成就和历史性变革时指出："坚持国家利益至上，以人民安全为宗旨，以政治安全为根本，以经济安全为基础，以军事、科技、文化、社会安全为保障，以促进国际安全为依托，统筹发展和安全，统筹开放和安全，统筹传统安全和非传统安全，统筹自身安全和共同安全，统筹维护国家安全和塑造国家安全。"可见，国家利益至上统摄了作为总体国家安全观精髓要义的"五大要素"和"五对关系"，正是在这个意义上，贯彻总体国家安全观与坚持国家利益至上存在高度统一的关系。

在国家利益至上同政治安全、人民安全的关系上，新时代国家安全话语体系中同样有两种提法：一是"国家利益至上是国家安全的准则"，"准则"可以理解为"准许的原则（标准）"，其用于指导、规范特定领域的行为、活动或决策，以此表述同政治安全是"根本"、人民安全是"宗旨"的定位区别开来；二是"国家利益至上是实现人民安全和政治安全的要求和原则"，这种表达又将国家利益至上同政治安全、人民安全联系起来，而实现人民安

全和政治安全均要以"国家利益至上"作为要求和原则，这反映出在三者关系中"国家利益至上"对另两者的统摄性。实际上，我国的国体和政体决定了国家利益必然是人民利益的集中体现，国家利益构成人民利益的"最大公约数"，国家利益至上和人民利益高于一切是高度一致的，而维护国家利益作为一种高度集体化的行为，必然需要依靠广大人民群众共同努力。

四、方法与路径：统筹政治安全、人民安全、国家利益至上

党的二十大报告指出："必须坚定不移贯彻总体国家安全观，把维护国家安全贯穿党和国家工作各方面全过程，确保国家安全和社会稳定。"作为新时代国家安全工作的根本遵循和行动指南，总体国家安全观强调运用系统思维对各领域国家安全、国家安全重点事项进行科学统筹。在方法路径上，坚持政治安全、人民安全、国家利益至上有机统一，就必须全面贯彻总体国家安全观，把三者相互结合、辩证统一起来，通过科学统筹三者间的关系，理性稳妥防范应对严峻复杂的各类安全风险挑战。

第一，以总体国家安全观为指导科学统筹。总体国家安全观是新时代国家安全工作的根本指针，其关键在"总体"二字，突出的是"大安全"理念，"总体"和"大安全"所蕴含的系统思维对坚持政治安全、人民安全、国家利益至上有机统一具有十分重要的方法论意义。一方面，要在追求总体国家安全的目标指引下，科学统筹政治安全、人民安全和国家利益至上，始终把三者置于党和国家事业发展全局中加以谋划推进，统筹协调各方面的利益关系，充分调动一切积极有利因素，最大限度把各方面智慧和力量凝聚起来；另一方面，要紧密结合新形势下的国情、政情、民情统筹把握三者之关系，以有效应对国家安全内涵外延更加丰富、时空领域更加宽广、内外因素更加复杂的新变化新趋势，不断开创新时代国家安全工作新局面。

第二，充分发挥三者各自不同的作用功能。在新时代，政治安全、人民安全、国家利益至上各自内涵与定位，直接体现于"政治安全—根本—根本保证""人民安全—宗旨—中心地位""国家利益至上—准则—要求和原则"的国家安全话语体系中，正是三者的不同内涵与定位决定了其作用功能及相应的实现路径。对政治安全，要着眼于"根本性"定位，坚持把政治安全尤其是政权安全、制度安全放在首要位置，毫不动摇坚持和加强党的领导，增强"四个意识"、坚定"四个自信"，做到"两个维护"，为维护人民安全和国家利益提供坚强政治保证。对人民安全，应突出其"中心性"定位，站稳人民立场，坚持国家安全为了人民、依靠人民、动员人民，筑牢国家安全人民防线，汇聚人民力量共同维护国家安全和社会稳定。对国家利益至上，则要强调"最高性"定位，把国家利益作为维护国家安全的出发点和落脚点，作为实现政治安全、人民安全的要求和原则，坚定维护国家尊严和核心利益，牢牢掌握发展和安全主动权。

第三，把三者有机统一于国家安全现代化。党的二十大报告提出"推进国家安全体系和能力现代化"的总体要求，坚持政治安全、人民安全、国家利益至上有机统一必须贯彻落实这一要求。首先，必须认识到我国的国体和政体决定了党、人民、国家是一个不可分割的"命运共同体"，这又决定了政治安全、人民安全、国家利益至上三者是紧密关联、相辅相成的有机整体。在新时代统筹政治安全、人民安全、国家利益至上的历史进程中，三者必然统一于国家安全现代化的理论和实践自觉。其次，推进国家安全体系和能力现代化应从国家安全体系、国家安全能力、公共安全治理、社会治理体系等方面综合着力，坚持政治安全、人民安全、国家利益至上有机统一必须紧紧围绕这些问题而展开，更加注重协同高效、法治思维、科技赋能、基层基础。最后，从国家安全日渐凸显的重要性角度，其是国家最基本、最重要的利益，只有把国家利益至上作为最高行为准则，才能真正维护国家政治安全，不断增强人民的获得感、幸福感、安全感。

第三章
新时代国家安全治理话语体系的"发展论"

我国新时代总体国家安全观自提出以来，从来就不是封闭静止的，而是一个开放发展的战略思想体系。从 2014 年习近平总书记创造性提出总体国家安全观时的"五大要素""五对关系"，到 2020 年中央政治局第二十六次集体学习时提出贯彻总体国家安全观的"十个坚持"，再到党的十九届六中全会《决议》中的"五个统筹"，这些标志性概念、原创性表述，无不反映出总体国家安全观不断向前发展的脉络，亦使总体国家安全观的内涵变得越来越丰富。党的二十大报告首次在党的全国代表大会文件中对"国家安全"列专章作出战略部署，进一步彰显了新时代新征程国家安全在党和国家事业全局中的重要地位，把总体国家安全观发展到一个新高度。本章以党的二十大报告关于国家安全的重要论述为中心展开，既回顾过往又立足现在、展望未来，通过分析新观点、新论断、新思想阐述新时代国家治理话语体系的安全"新发展"。

第一节　党的二十大报告对总体国家安全观的新发展

总体国家安全观是新时代国家安全工作的根本遵循和行动指南，也是一个内涵丰富、开放包容、不断发展的战略思想体系。党的二十大报告把"国家安全"置于显要位置，首次单独成章作出深刻阐述，强调"必须坚定不移贯彻总体国家安全观，把维护国家安全贯穿党和国家工作各方面全过程，确保国家安全和社会稳定"。这些重要论述在新时代丰富发展了总体国家安全观，具有重大理论和实践意义。

一、对国家安全和社会稳定认识的进一步深化

党的二十大报告庄严宣告:"从现在起,中国共产党的中心任务就是团结带领全国各族人民全面建成社会主义现代化强国、实现第二个百年奋斗目标,以中国式现代化全面推进中华民族伟大复兴。"同时应该看到,中华民族伟大复兴绝不是轻轻松松、敲锣打鼓就能实现的,必须以国家安全和社会稳定为前提条件。党的二十大报告在国家安全是"安邦定国的重要基石""头等大事"等已有认识的基础上,进一步着眼大局、深化认识,指出"国家安全是民族复兴的根基,社会稳定是国家强盛的前提"。这就把国家安全放到中华民族伟大复兴的战略全局中来理解,深刻体现出总体国家安全观"总体"二字所蕴含的哲理精髓,运用战略思维、系统思维将对国家安全重要性的认识提升到新高度、新境界、新水平。

在国家安全和社会稳定之间的关系上,党的二十大报告的一个显著特点是把两者有机结合起来,提出"坚决维护国家安全和社会稳定",强调在维护国家安全中部署推进公共安全治理、社会治理,这又充分体现出3个方面的战略全局考量。其一,有效回应了进入新时代我国国家安全形势日趋严峻复杂的现实,凸显维护国家安全的极端重要性;其二,进一步拓展了国家安全体系和能力现代化的范围,有助于在维护国家安全中去更好地理解和把握社会治理问题;其三,作为国家安全的重要组成部分,公共安全追求的重要目标之一即社会稳定,而无论是国家安全抑或社会稳定皆依赖于牢固的基层基础,两者相互支撑、彼此依赖。

二、对推进国家安全体系和能力现代化的进一步强调

在安全治理意义上,国家安全体系和能力是国家安全制度及其执行能力的集中体现。党的二十大报告第十一部分以"推进国家安全体系和能力

现代化"作为统领性要求，是"中国式现代化"在国家安全领域的生动呈现，"现代化"的表述具有鲜明的目标导向和问题意识。

长期以来，我们党高度重视国家安全体系和能力建设，党的十九大报告强调"健全国家安全体系""加强国家安全能力建设"，党的十九届四中全会强调"完善国家安全体系"，党的十九届五中全会强调"加强国家安全体系和能力建设"，党的十九届六中全会指出"着力推进国家安全体系和能力建设"。而之所以如此强调这个问题，在于我国维护国家安全还存在一些短板弱项，亟待改进加强。2020年，习近平总书记主持中央政治局第二十六次集体学习，明确提出"坚持推进国家安全体系和能力现代化"，这是总体国家安全观的核心要义之一，要求坚持以改革创新为动力，加强法治思维，构建系统完备、科学规范、运行有效的国家安全制度体系，提高运用科学技术维护国家安全的能力，不断增强塑造国家安全态势的能力。党的二十大报告对这些要求进行了强调与细化，直面过去十年"维护国家安全制度不完善、应对各种重大风险能力不强""国家安全受到严峻挑战"等突出问题，锚定未来五年"国家安全更为巩固"的短期目标和到2035年"国家安全体系和能力全面加强"的长期目标，更加注重协同高效，更加注重法治思维，更加注重科技赋能，更加注重基层基础。

三、对统筹发展和安全重大原则的进一步融贯

党的二十大报告指出要统筹外部和内部安全、国土和国民安全、传统和非传统安全、自身和共同安全、维护和塑造国家安全。统筹发展和安全自总体国家安全观提出以来，一直都是其内涵精髓，2014年习近平总书记在中共中央政治局第十四次集体学习时强调"既重视发展问题又重视安全问题"，党的十九届五中、六中全会提出"统筹发展和安全""把安全发展贯穿国家发展各领域全过程"，党的十九大报告更是直接将统筹发展和安全

作为党治国理政的一个重大原则,这些清楚反映出统筹发展和安全在党和国家事业发展中举足轻重的地位。

党的二十大报告全文三次提及统筹发展和安全,除在第十一部分强调"提高各级领导干部统筹发展和安全能力"外,还在第一部分阐述新时代十年的伟大变革,在第三部分提出坚持发扬斗争精神中出现"统筹发展和安全"的表述,这足以说明发展和安全是事关全局的两件大事,统筹发展和安全"化有形于无形",上升为维护国家安全和社会稳定的更具统摄性的上位原则。党的二十大报告还明确要建设更高水平的平安中国,以新安全格局保障新发展格局,要确保粮食、能源资源、重要产业链供应链安全,强调提高防范化解重大风险、防灾减灾救灾和重大突发公共事件处置、市域社会治理能力、加强个人信息保护等,这些无疑从不同维度回应了人民日益增长的美好生活需要和不平衡不充分的发展之间的新时代社会主要矛盾转化,其背后都融贯着统筹发展和安全这一重大原则。

四、对国家安全体制、体系、制度机制的进一步系统化

从实践上看,践行总体国家安全观有赖于健全完善的国家安全体系、制度、机制协调配合,有序运行。党的二十大报告指出,新时代十年来党和国家事业的历史性成就和历史性变革包括"贯彻总体国家安全观,国家安全领导体制和法治体系、战略体系、政策体系不断完善",国家安全得到全面加强。报告第十一部分更是多次出现"体制""体系""制度""机制"等表述,从而使运用法治思维践行总体国家安全观向系统化方向走深走实。

在体制上,强调坚持党中央对国家安全工作的集中统一领导,完善高效权威的国家安全领导体制,这是推动国家安全工作从分散到集中、迟缓到高效、被动到主动的重要保障。在体系上,在原先提出法

治、战略、政策体系的基础上，以总体国家安全观为指导，进一步强调建立健全风险监测预警、国家应急管理、重点领域安全保障和重要专项协调指挥、安全保障和安全防护、生物安全监管预警防控城乡社区治理等一系列体系。这些体系贯通国家安全、社会治理两大方面，具有同步维护国家安全和社会稳定的鲜明目标导向。在制度机制上，提出"健全共建共治共享的社会治理制度""强化国家安全工作协调机制""完善参与全球安全治理机制""健全反制裁、反干涉、反'长臂管辖'机制""完善正确处理新形势下人民内部矛盾机制"等，机制内容既立足中国又放眼世界，聚焦国家安全和社会稳定的焦点问题，与统筹外部和内部安全、自身和共同安全的总体国家安全观核心要义高度契合，一脉相通。

第二节　新发展理念与总体国家安全观的契合点

作为新时代原创性新理念新思想，新发展理念是经济工作的根本指针，总体国家安全观是国家安全工作的根本遵循和行动指南，两者都是习近平新时代中国特色社会主义思想的重要内容。党的二十大报告强调："贯彻新发展理念是新时代我国发展壮大的必由之路""必须坚定不移贯彻总体国家安全观""以新安全格局保障新发展格局"。尽管新发展理念引领经济高质量发展，总体国家安全观统领国家安全实践，但在统筹发展和安全治国理政方略下，创新、协调、绿色、开放、共享的新发展理念与总体国家安全观内涵要义彼此高度契合，只有系统把握两者的"契合点"，才能统筹推进高质量发展和高水平安全，以新安全格局保障新发展格局。

一、创新发展与体系变革：新发展理念与总体国家安全观都追求"谋新思变"

创新发展，关注解决发展的动力。党的十八大以来，党中央高度重视创新发展，始终把创新摆在党和国家事业发展全局的核心位置，深入实施创新驱动发展战略。习近平总书记指出："发展是第一要务，人才是第一资源，创新是第一动力。中国如果不走创新驱动发展道路，新旧动能不能顺利转换，就不能真正强大起来。"实际上，随着新一轮科技革命和产业变革蓬勃兴起，颠覆性技术创新层出不穷，新产业、新业态、新模式加速成长，生产力和生产关系正发生重大调整，科技创新已经成为衡量一个国家综合国力和核心竞争力高低的重要因素。与此同时，经济社会发展也越来越依赖于理论、实践、制度、科技、文化及其他方面的创新，当前我国还存在基础研究薄弱、原始创新能力不强、关键核心技术被外国"卡脖子"等突出问题，而这些问题无疑都需要通过创新发展逐步加以解决。可以说在这个日新月异的高科技时代，没有创新就没有发展进步，创新能力不足也就难以持续推动高质量发展。

与创新发展面临的时代背景相对应，进入新时代，我国国家安全形势变化亦呈现出一系列新特点、新趋势，如安全形势不稳定性不确定性显著上升、各类可以预料和难以预料的风险挑战日益增多、来自外部的打压遏制随时可能升级、各种"黑天鹅""灰犀牛"事件时有发生等。此时，在维护国家安全上就不能固步自封，不能以不变应万变、用旧瓶装新酒，而必须坚持以总体国家安全观为指导，以更大的政治智慧直面问题、锐意改革，对国家安全工作大刀阔斧进行系统性变革、整体性重塑。党的十九届六中全会审议通过的《决议》以及之后党的二十大报告，对十年来维护国家安全取得的历史性成就、发生的历史性变革作了全面回顾总结。正是因为与时俱进推动了这些体制、制度、机制变革，才解决了许多长期想解决而没有解决的难题，办成了许多过去想办而没有办成的大事，国家安全工作在新时代实现从分散到集中、从迟缓到高效、从被动到主动的历史性飞跃，国家安全得到全面加强，牢牢掌握了维护国家安全的全局性主动。

当前，世界之变、时代之变、历史之变正以前所未有的方式展开，面对国际国内形势新变化新挑战，不管是发展还是安全都必须准确识变、科学应变、主动求变，唯有如此才能在"两个大局"下统筹好发展和安全两件大事，推动发展和安全动态平衡、良性互动、深度融合，在新发展阶段既着力推进高质量发展，又不断开创国家安全工作新局面，最终实现以新安全格局保障新发展格局。

二、协调发展与科学统筹：新发展理念与总体国家安全观都追求"整体协同"

协调发展注重解决发展过程中的不平衡问题。我国幅员辽阔、人口众多，各地自然资源禀赋差别大，区域经济发展不平衡问题突出，在区域、城乡、经济与社会、物质文明和精神文明、经济建设和国防建设等关系上均有充分体现。当前，我国社会主要矛盾已转化为人民日益增长的美好生活需要和不平衡不充分的发展之间的矛盾，正是因发展不平衡不充分，才要求我们必须深入贯彻新发展理念，更加重视协调发展。习近平总书记强调："协调发展，就要找出短板，在补齐短板上多用力，通过补齐短板挖掘发展潜力、增强发展后劲。"这类似于"木桶原理"，一个木桶能盛多少水，是由最短的那块木板决定的。在推动高质量发展过程中，只有坚持不同领域、不同地区、不同阶段发展相协调一致，才能聚焦差距、补齐短板，不断增强发展的整体性、协调性。也正是基于对协调发展之追求，党的二十大报告提出，深入实施区域协调发展战略、区域重大战略、主体功能区战略、新型城镇化战略等一系列国家战略举措，加快构建新发展格局。

总体国家安全观关键在"总体"，其突出强调"大安全"理念。协调发展的"协调"与总体国家安全观的"总体"二字的核心精神可谓一脉相通，两者皆强调系统思维下对多种因素统筹兼顾。进入新时代，世界正经历百年变局，国际战略格局深度调整，传统安全威胁和非传统安全威胁相互交织，各种风险挑战不断积累甚至集中显露，我国面临国家安全问题的复杂程度、艰巨程度明显加大。习近平总书记指出，"当前我国国家安全内涵和外延比历史上任何时候都要丰富，时空领域比历史上任何时候都要宽广，内外因素比历史上任何时候都要复杂"。毫无疑问，在国家安全内涵外延更加丰富、时空领域更加宽广、内外因素更加复杂的新的历史条件下，要切实维护总体国家安全，就必须贯彻总体国家安全观，强化国家安全工作协调机制，统筹推进各领域安全，统筹应对传统安全和非传统安全。

实际上，自2014年总体国家安全观创造性提出以来，其内涵要义一直处于不断丰富发展的进程中，但从总体国家安全观精髓要义"五大要素""五对关系"到此后的"十个坚持""五个统筹"，无不强调在系统思维、大安全理念引领下对国家安全的科学统筹。当然，从更为宏观的角度看，对发展和安全的统筹本身就是一个随着安全形势变化而不断深化的过程：在站起来阶段，我们党更加强调安全问题；在富起来阶段，更为强调发展问题；在强起来的新阶段，党中央又强调统筹发展和安全。由是，党的十九大把统筹发展和安全上升为治国理政重大原则，党的十九届五中全会首次把统筹发展和安全纳入"十四五"时期我国经济社会发展指导思想并作出战略部署，党的二十大报告强调"提高各级领导干部统筹发展和安全能力"，这些均从不同层面清晰展现新发展理念与总体国家安全观在强调"整体协同"上的高度契合。

三、绿色发展与生态安全：新发展理念与总体国家安全观都追求"和谐共生"

与可持续发展在思想上一脉相承，绿色发展强调促进人与自然和谐共生，亦是用最少资源环境代价取得最大经济社会效益的发展。绿色发展理念深刻体现了以人与自然和谐为价值取向、以绿色低碳循环为主要原则、以生态文明建设为基本抓手的生态价值观。党的十八大以来，我们不断深化对生态文明建设的规律性认识，在习近平生态文明思想引领下，坚持"绿水青山就是金山银山"的理念，坚定不移走生态优先、绿色低碳发展道路，促进经济社会发展全面绿色转型，生态文明建设发生了历史性、转折性、全局性变化，美丽中国建设迈出重大步伐。细加分析，绿色发展之内涵至少包括三个方面：一是把环境资源作为发展的内在要素；二是把实现可持续发展作为发展目标；三是把经济活动过程的"绿色化"与结果的"生态化"作为发展的主要内容和途径。正因如此，绿色发展是一种以效率、和谐、持续为目标的经济增长和社会发展方式，也是世界发展的重要趋势。

在总体国家安全观中，生态安全既是国家安全体系的重要组成部分，也是经济社会持续健康发展的重要保障。绿色发展与生态安全息息相关，生态安全可以说是发展的一条不可逾越的"红线"，这在新时代治国理政话语体系中多有相关表达，如2021年中央全面深化改革委员会第二十次会议强调"要坚持保护优先，把生态环境保护作为区域发展的基本前提和刚性约束，坚持山水林田湖草沙冰系统治理，严守生态安全红线"；党的二十大报告在论及中国式现代化"人与自然和谐共生"的特征时，指出"人与自然是生命共同体，无止境地向自然索取甚至破坏自然必然会遭到大自然的报复"。绿色发展实际上也构成维护生态安全的一条新路径，新时代新征程推进高质量发展、推动构建新发展格局，必须坚持生态优先绿色发展，切实筑牢国家生态安全屏障。

正是绿色发展与生态安全之间相互联系、相辅相成、不可分割的关系，使新发展理念和总体国家安全观在追求人与自然和谐共生上紧密契合，绿色低碳循环发展、打好污染防治攻坚战、加强生态保护修复等一系列美丽中国建设战略任务，也是维护国家生态安全的重要任务，其统合于人与自然和谐共生的中国式现代化进程之中。

四、开放发展与共同安全：新发展理念与总体国家安全观都追求"互利共赢"

人类历史是在开放中发展的，开放构成国家繁荣发展的必由之路。尽管近年来"逆全球化"思潮抬头，单边主义、保护主义上升，全球供应链出现被动断裂和主动脱钩风险，世界经济复苏乏力，但从长远看，经济全球化是不可逆转的历史大势、时代潮流。习近平总书记深刻指出："经济全球化是社会生产力发展的客观要求和科技进步的必然结果，为世界经济增长提供了强劲动力，促进了商品和资本流动、科技和文明进步、各国人民交往。"为此，不同于一些西方国家动辄搞封闭脱钩的"去全球化"，我们把对外开放作为基本国策，坚持打开国门搞建设、谋发展，坚定奉行互利共赢的开放战略，不断丰富对外开放内涵、提高对外开放水平，协同推进战略互信、经贸合作、人文交流，为各国分享我国发展成果提供更多机遇，为我国与世界合作共赢开辟更大空间。我国开放的大门不会关闭，只会越开越大，可以说开放已经成为当代中国的一个鲜明标识。

近些年来，一些西方国家热衷于打贸易战、科技战，鼓吹对华"脱钩断链"，背后的支撑仍然是你输我赢的"零和博弈"思维，这同其在安全方面的思维方式如出一辙。"零和博弈"意味着国与国之间只存在竞争关系，一方得益必然导致另一方受损，最终总和归零。在狭隘的零和式安全观影响下，一国往往只追求自身安全，忽视共同安全，笃信绝对安全，忽略相对安全。不同于西方的零和式安全观，总体国家安全观强调要"以促进国际安全为依托"，要"统筹自身安全和共同安全"，认为安全应该是普遍、平等、包容的，正如习近平所指出的，"世界上不存在绝对安全的孤岛，普遍安全才是真正的安全"，"国际安全不可分割，牺牲别国利益、谋求自身绝对安全，最终会伤及自身"。基于这些深刻的辩证认识，我国坚持推进国际共同安全，推动树立共同、综合、合作、可持续的全球安全观，加强多边协调完善全球安全治理体系，共同构建普遍安全的人类命运共同体。

进入新时代，我国站在全人类高度来把握人类的共同价值，推动维护世界和平与发展，携手应对全球性威胁挑战，这是统筹发展和安全重要论断由国内向国际的拓展延伸，表现出在全球治理层面影响力的不断扩大。近年来，我国先后提出"全球发展倡议""全球安全倡议""全球文明倡议"，这些都是基于互利共赢理念维护国际和平安全、促进全球发展繁荣的中国智慧和中国方案。

五、共享发展与人民安全：新发展理念与总体国家安全观都追求"以人民为中心"

人的自由全面发展是马克思主义的价值旨归。顾名思义，"共享"即共同分享、共同拥有之意，共享发展实质是以人民为中心的发展，这是马克思主义中国化的新成果，体现了逐步实现共同富裕的要求。党的十八届五中全会提出："坚持共享发展，必须坚持发展为了人民、发展依靠人民、发展成果由人民共享，作出更有效的制度安排，使全体人民在共建共享发展中有更多获得感，增强发展动力，增进人民团结，朝着共同富裕方向稳步前进。"其中清晰呈现了共享发展完整内涵的四个方面，即全民共享、全面共享、共建共享和渐进共享。可见，共享不是少数人、一部分人共享，而是人人享有、各得其所，共享也不是一蹴而就的，而是一个渐进的历史过程。当然，共享与共建是辩证统一的，只有人人参与、人人尽力共建才能共享，而共建的过程又是共享的过程。也正是在这个意义上，不同于以两极分化为表征的西式现代化，中国式现代化是全体人民共同富裕的现代化，也是以人民为中心的现代化。

与共享发展的价值意蕴相契合，总体国家安全观自提出以来就一直强调人民安全，且随着总体国家安全观不断丰富发展，人民安全的内涵要义也得到丰富与发展。2014年，中央国家安全委员会第一次会议提出总体国家安全观"五大要素"就包括"以人民安全为宗旨"，此后党的十九大报告，党的十九届四中、六中全会，党的二十大报告中都强调了"以人民安全为宗旨"。党的二十大报告国家安全专章指出要"完善社会治理体系"，"建设人人有责、人人尽责、人人享有的社会治理共同体"，这些更是与共享发展的重要论述表述相近、理路相通。以人民安全为宗旨的核心要义在于国家安全一切为了人民、一切依靠人民两个方面，一方面要坚持以民为本、以人为本，切实维护广大人民群众安全权益，为群众安居乐业提供坚强安全保障；另一方面，要始终把人民作为国家安全的基础性力量，不断夯实国家安全和社会稳定的群众基础，汇聚起维护国家安全的强大力量。

当然，从治国理政角度看，不管是发展还是安全都是我们党治国理政的重要方面，而坚持以人民为中心是我们党的根本执政理念，也是新时代坚持和发展中国特色社会主义的基本方略之一，正如习近平总书记反复强调的："江山就是人民，人民就是江山。"基于此，人民是历史的创造者，是决定党和国家前途命运的根本力量，所以新发展理念和总体国家安全观都把人民立场作为根本立场，充分尊重人民的主体地位和首创精神，始终坚持以人民为中心更好统筹发展和安全，不断增强人民群众的获得感、幸福感、安全感。

安全是发展的前提，发展是安全的保障。正是发展和安全的辩证关系决定了在思想理念层面，新发展理念和总体国家安全观之间契合点的存在。在新时代新征程上，随着社会主义现代化强国建设、向第二个百年奋斗目标迈进，发展和安全两者间的关系无疑将更加紧密。只有学好用好发展和安全的辩证法，坚持统筹发展和安全，坚持发展和安全并重，自觉推动发展和安全深度融合，才能真正实现高质量发展和高水平安全良性互动，助力中国式现代化行稳致远。

第三节　把握以新安全格局保障新发展格局的深刻内涵

党的二十大报告第十一部分以专章形式对"推进国家安全体系和能力现代化，坚决维护国家安全和社会稳定"作出强调，指出要"以新安全格局保障新发展格局"。党的二十大报告第四部分对"加快构建新发展格局，着力推动高质量发展"进行强调，此外报告还在其他部分多次论及"新发展"。这些重要论述内涵丰富，是"统筹发展和安全"这一治国理政重大原则的必然要求，对于在第二个百年奋斗目标新征程上坚持总体国家安全观，统筹好发展和安全两件大事，具有十分重要的指导意义。

一、新安全格局和新发展格局"新"在何处

新时代提出新任务新要求，必然要有新理念新作为，方能促成安全和发展之"新格局"。在时代话语体系中，"新安全格局"的表述在时间上晚于"新发展格局"。2021年11月18日，中央政治局召开会议审议《国家安全战略（2021—2025年）》，会议指出"必须牢固树立总体国家安全观，加快构建新安全格局"。这次会议提出新形势下维护国家安全的"五个坚

持"，即坚持党的绝对领导、坚持捍卫国家主权和领土完整、坚持安全发展、坚持总体战和坚持走和平发展道路。实际上，2020年12月11日，中央政治局就切实做好国家安全工作组织第二十六次集体学习，习近平总书记在主持学习时强调，坚持系统思维构建大安全格局，为建设社会主义现代化国家提供坚强保障，并就贯彻总体国家安全观提出十点要求，后来成为总体国家安全观核心要义的"十个坚持"。如果对"十个坚持"和"五个坚持"细加比较，可以发现其中既有复述更有创新，"五个坚持"可以说正是对"十个坚持"的进一步丰富发展与贯彻落实，从"大安全格局"到"新安全格局"，一字之别，内涵更加丰富，认识更加深刻，意义也更加重大。

尤为值得注意的是，2021年中央政治局这次会议在强调"必须坚持把政治安全放在首要位置"后，提出了九个方面的要求，如"要增强产业韧性和抗冲击能力""要强化科技自立自强作为国家安全和发展的战略支撑作用""要积极维护社会安全稳定""要加强国家安全意识教育"等，除此以外还有一"要"，即"要全面提升国家安全能力，更加注重协同高效，更加注重法治思维，更加注重科技赋能，更加注重基层基础"，其中针对国家安全能力的四个"更加"充分彰显出"五个坚持"的底色。这些要求有的是"十个坚持"没有明确提及的，而之后又被党的二十大报告所吸纳强调，这亦深刻反映了新安全格局之"新"。

2020年4月10日，习近平总书记在中央财经委员会第七次会议上首次提出"构建以国内大循环为主体、国内国际双循环相互促进的新发展格局"，这一表述被党的二十大报告完整吸收。在党的二十大报告中"新发展格局"一词共出现了七次，与之相连的表述包括"新发展理念""高质量发展""现代化经济体系""科技自立自强"等，从中我们不难看到"新发展格局"之"新"。这种"新"首先表现在国内外形势发生了"新变化"，在国内，我国社会主要矛盾已发生质变，人民群众对美好生活的需要日益增长，其与不平衡、不充分的发展形成矛盾；在国外，百年变局叠加世纪疫情，全球发展遭遇严重挫折，世界进入新的动荡变革期。也正是这些新形势新变化，催生了时代之变、理念之变、发展之变，形成理念层面的"创新、协调、绿色、开放、共享"新发展理念，战略层面上建设现代化经济体系和推动高质量发展。其次，这种"新"体现为新发展格局自身所呈现的"新特点"，构建新发展格局必须牢牢把握发展的主动权，强化国内大循环主导作用，以国际循环提升国内大循环的效率和水平；构建新发展格局应着眼于开放与创新，其关键在经济循环的畅通无阻，最本质特征则是实现高水平自立自强，同时还必须用好用足我国超大规模市场优势等。可见，"新发展格局"之"新"直接涉及经济、社会、科技、生态、资源、网络、海外利益等诸多安全领域，这无疑离不开新安全格局下国家安全体系和能力现代化的有力保障。

二、新安全格局与新发展格局辩证统一

安全是发展的前提，发展是安全的保障。正是安全和发展间这种"一体之两翼、驱动之双轮"的辩证关系，决定了新安全格局与新发展格局的相辅相成、相互融通、辩证统一。奋进新时代，迈向新征程，只有把国家安全同经济社会发展一起谋划、一起部署，坚持发展和安全并重，科学统筹发展和安全，深入把握发展和安全的辩证法，既运用发展成果夯实国家安全之基，又塑造有利于高质量发展的安全环境，才能推进同步构建新安全格局与新发展格局。

一方面，安全是发展的一个最大前提，从长期来看，不安全势必对发展产生负面影响，甚至形成巨大冲击，没有安全保障的发展必定是脆弱且不稳定的。中国共产党诞生于国家内忧外患、民族危难之时，对国家安全的重要性有着刻骨铭心的认识。新中国成立以来，党中央高度重视安全和

发展，始终把维护国家安全工作紧紧抓在手上，为经济社会发展营造了良好安全环境，与之相应，国泰民安成为人民群众最基本、最普遍的诉求和愿望，如今我国亦成为世界上公认的最安全的国家之一。进入新发展阶段，国内外环境发生深刻变化，我国发展所面临的战略机遇和风险挑战并存，传统安全和非传统安全威胁相互交织，各种可以预料和难以预料的风险挑战显著增多，来自外部的打压遏制随时可能升级，"黑天鹅""灰犀牛"事件也随时可能发生。此时，安全必然成为国运之所系、民心之所向、民生之所指，推动创新发展、协调发展、绿色发展、开放发展、共享发展，其重要前提无疑都是国家安全、社会稳定。也正是在这个意义上，党的二十大报告强调"国家安全是民族复兴的根基，社会稳定是国家强盛的前提"，而没有安全和稳定，一切都无从谈起。

另一方面，发展是安全的重要保障，是解决一切问题的基础和关键，没有发展的安全必然转瞬即逝、难以持续，从发展意义上讲，不发展即是一种最大的不安全。党的二十大报告指出，新时代 10 年来，党和国家事业取得历史性成就、发生历史性变革，我们提出并贯彻新发展理念，着力推进高质量发展，推动构建新发展格局，实施供给侧结构性改革，制定一系列具有全局性意义的区域重大战略，我国经济实力实现历史性跃升。同时我们必须看到，同新形势新任务要求相比，当前我国维护国家安全能力不足，应对各种重大风险能力不强，维护国家安全统筹协调机制不健全。在推进高质量发展进程中，也还面临着诸如在复杂多变外部环境中如何处理好自立自强和开放合作的关系、积极参与国际分工和保障国家安全的关系、关键核心技术"卡脖子"难题、城乡区域发展差距较大、绿色低碳生产生活体系转型压力大等突出问题。这些问题既是发展问题，更是安全问题，必须从根本宗旨、问题导向、忧患意识等方面把握好新发展理念，织牢织密安全网，着力解决制约发展的"安全"短板弱项，把发展建立在更加安全、更为可靠的基础之上。党的二十大报告以"保障"一词把新安全格局同新发展格局勾连起来，强调"以新安全格局保障新发展格局"，这可以说是对发展和安全辩证关系的逻辑延伸，充分反映出两个"新格局"的相互支撑与辩证统一。

三、如何以新安全格局保障新发展格局

习近平总书记在党的二十大报告中宣告，新时代新征程中国共产党的中心任务是，以中国式现代化全面推进中华民族伟大复兴。毫无疑问，以新安全格局保障新发展格局是推进中国式现代化不可分割的组成部分，必须坚持党的领导，扎根中国大地，走出一条中国特色安全发展的新路。

第一，全面贯彻总体国家安全观。党的二十大报告指出："必须坚定不移贯彻总体国家安全观，把维护国家安全贯穿党和国家工作各方面全过程，确保国家安全和社会稳定。"总体国家安全观是新时代国家安全工作的根本遵循和行动指南，关键在"总体"，突出的是"大安全"理念，其自2014年提出以来就是一个内容丰富、开放包容、不断发展的战略思想体系。总体国家安全观内涵要义中的"五大要素""五对关系""十个坚持""五个统筹"，及其所包含的安全发展理念、全球安全观等，对于在新征程上以新安全格局保障新发展格局，均具有重大指导意义，必须精准理解把握、全面贯彻落实，这是必要前提。

第二，以系统思维统筹发展和安全。在新安全格局和新发展格局中，包含了涉及安全和发展的各类要素资源，这些要素资源相互关联、相互作用、相互影响，共同构成整体意义上的"安全—发展"系统。二十大报告强调要"提高各级领导干部统筹发展和安全能力"，此时必须坚持系统思维统筹好发展和安全两件大事，以发展促安全，以安全保发展，在发展过程中更多地考虑安全因素，着力构建高质量发展和高水平安全良性互动机制，一方面要通过发展不断夯实国家安全实力基础、增强维护国家安全能力；

另一方面要深入推进国家安全思路、体制、手段创新，积极营造有利于经济社会发展的安全环境，努力实现发展与安全的动态平衡，全面提升国家安全工作能力和水平。

第三，推进国家安全体系和能力现代化。作为一种世界现象，"现代化"既是发展目标，也是发展过程，体现了目标与过程、远景与现实的有机统一。[①] 以新安全格局保障新发展格局，必须扎实推进国家安全体系和能力现代化。其一是以改革创新为动力，运用法治思维、法治方式健全与构建新发展格局匹配的国家安全体系。要按照党的二十大报告要求，不断完善高效权威的国家安全领导体制，完善国家安全法治、战略、政策、风险监测预警、国家应急管理等体系，构建全域联动、立体高效的国家安全防护体系。其二是提高维护国家安全的能力，特别是要增强从更高层次、更具前瞻性角度塑造国家安全的能力，坚定维护国家政权、制度、意识形态安全，确保粮食、能源资源、重要产业链供应链安全，维护我国公民、法人在海外合法权益，筑牢国家安全人民防线。

第四，夯实基层基础推动安全发展。党的二十大报告指出要"夯实国家安全和社会稳定基层基础"，实际上，基层是一切工作的出发点和落脚点，维护国家安全和社会稳定、推动安全发展，基层依然是根基所在、力量所系。同时，党的二十大报告在"加快构建新发展格局，着力推动高质量发展"部分，提出"全面推进乡村振兴""促进区域协调发展"等具体要求，也必须通过夯实基层基础才能落细落实，这说明发展的力量支撑在基层，活跃源泉同样在基层。正因如此，党的二十大报告在专章述及国家安全时，把提高公共安全治理水平、完善社会治理体系纳入其中，强调坚持安全第一、预防为主，完善公共安全体系，提高防灾减灾救灾和急难险重

[①] 有学者指出，"现代化"是一个内容丰富、涵盖面广的概念，它是一种整体的变革，不但包括工业化所推动的经济增长，还包括社会在政治、思想、文化等各个方面的全方位变化；现代化的特殊意义在于它的动态特征以及它对人类事务影响的普遍性。参见刘守英、范欣等：《中国式现代化》，北京：中国人民大学出版社，2022年，第7页。

突发公共事件处置保障能力,加强个人信息保护;健全共建共治共享的社会治理制度,提升社会治理效能,畅通和规范群众诉求表达、利益协调、权益保障通道,建设人人有责、人人尽责、人人享有的社会治理共同体等。这些都足以说明要树牢强基固本思想,确保抓基层、打基础、保稳定工作丝毫不放松。

第四节　深刻理解夯实国家安全和社会稳定基层基础的时代意义

党的二十大报告把国家安全置于显要位置,专章强调"推进国家安全体系和能力现代化,坚决维护国家安全和社会稳定",要"夯实国家安全和社会稳定基层基础"。党的二十大报告共 25 次提及"基层"一词,这说明在向第二个百年奋斗目标进军新征程上,基层基础的重要性不言而喻。新时代维护国家安全和社会稳定,必须坚持总体国家安全观,始终以人民为中心,科学把握基层基础的"安全"内涵,充分发挥基层基础关键作用,才能强基固本、行稳致远,把国家安全体系和能力现代化不断推向前进。

一、新时代中国特色话语体系中的"基层基础"

所谓"基层基础",其原意是指建筑物的底层,后引申为各种组织中最基本的直接联系人民群众的部分,在整个组织体系下基层基础具有重要的支撑保障作用。梳理时代话语可以看到,2017 年,党的十九大报告指出"加强农村基层基础工作,健全自治、法治、德治相结合的乡村治理体系";2018 年,习近平总书记考察长江经济带发展和经济运行情况时强调"社区是基层基础","只有基础坚固,国家大厦才能稳固";2019 年,习近平总书记在全国民族团结进步表彰大会上强调"要夯实基层基础,推动党政机关、企事业单位、民主党派、人民团体一起做好民族工作";2020年,习近平总书记在中央全面依法治国工作会议上强调"更加重视基层基础工作,充分发挥共建共治共享在基层的作用,推进市域社会治理现代化,促进社会和谐稳定";2021年,习近平总书记在中央政治局第三十三次集体学习时强调"要夯实联防联控、群防群控的基层基础,打好生物安全风险防控人民战争";2022年,习近平总书记在湖北武汉考察时强调"要把更多资源下沉到社区来,……夯实城市治理基层基础"等。由此可见,在新时代中国特色话语体系中"基层基础"总是同社会治理紧密相连,发挥着社会治理的重要功能。

党的二十大报告依然延续了之前"基层基础"的这种社会治理意义,尽管"基层基础"一词仅在报告的国家安全专章中出现了一次,但是"基层"二字却在报告述及发展全过程人民民主、坚持全面依法治国、增进民生福祉、推进国家安全体系和能力现代化、深入推进新时代党的建设新的伟大工程时反复出现。从表面来看,这些似乎与维护国家安全和社会稳定没有关系,实际上随着总体国家安全观指引下对"大安全理念""大安全格局"认识的走深走实,"基层"在原有社会治理意义的基础上,也被赋予了越来越丰富的"安全"内涵,其与政治、经济、文化、社会、科技、网络、生态等诸多国家安全领域密切联系,也同贯彻落实总体国家安全观相关,既在社会治理中发挥着支撑与保障功能,亦构成维护国家安全和社会稳定之关键和根本。

二、在国家安全视野下把握基层基础的三个维度

从国家安全角度看,虽然党的二十大报告第一次将"基层基础"同"国家安全和社会稳定"连接起来,作为推进国家安全体系和能力现代化的

一项重要任务,实际上自 2014 年总体国家安全观首次提出以来,重视基层基础的精神便内蕴其中,并随着总体国家安全观的不断丰富发展而日渐清晰,其重要性通过战略、法治、治理等三个维度得以彰显。

第一,战略之维。战略问题是党和国家的根本性问题。党的二十大报告深刻指出"国家安全是民族复兴的根基,社会稳定是国家强盛的前提",这是立足中华民族伟大复兴战略全局认识和把握国家安全所作的新判断,清楚展现了新时代新征程上国家安全和社会稳定的重要战略地位。而要实现国家安全和社会稳定,必然要求抓好基层、夯实基础,切实把基层基础作为固本之策和长远之计。2021 年,中央政治局召开会议审议《国家安全战略(2021—2025 年)》,作为党和国家历史上首部"国家安全战略",无疑意义非凡、影响深远。会议强调"要全面提升国家安全能力,更加注重协同高效,更加注重法治思维,更加注重科技赋能,更加注重基层基础",这是在国家安全战略文本中明确出现"基层基础"的重要表述,可见基层基础同国家安全能力息息相关,是国家安全能力现代化进程中一个至关重要的战略问题。

第二,法治之维。党的二十大报告在回顾总结新时代十年的伟大变革时,深刻指出"社会主义法治国家建设深入推进,全面依法治国总体格局基本形成",同时强调我们贯彻总体国家安全观,国家安全法治体系不断完善。当前,我国已形成以《国家安全法》为统领、相关法为支撑的中国特色国家安全法律体系,而其中多有与基层基础相关的法律规定。例如,《国家安全法》第一条提出立法目的之一即"保护人民的根本利益",第二十九条规定国家健全有效预防和化解社会矛盾的体制机制,健全公共安全体系,促进社会和谐,维护公共安全和社会安定。又如,《数据安全法》第九条规定,国家推动有关部门、行业组织、科研机构、企业、个人等共同参与数据安全保护工作,形成全社会共同维护数据安全和促进发展的良好环境。这些规定为做实基层基础工作提供了坚强法治保障,有利于更好地发挥法治在维护国家安全和社会稳定中固根本、稳预期、利长远的作用。

第三，治理之维。国家治理，要在中央，事在四方，根在基层。基层治理构成现代国家治理之基石，亦是提升社会治理有效性的重要基础。党的二十大报告强调"必须坚定不移贯彻总体国家安全观，把维护国家安全贯穿党和国家工作各方面全过程，确保国家安全和社会稳定"，而"各方面"和"全过程"显然包含基层基础在内，其中蕴含着基层强则国家强、基层安则天下安的大国治理逻辑。正因如此，与党的十九大报告在"加强和创新社会治理"章节之下述及"健全国家安全体系"有所不同的是，党的二十大报告把国家安全和社会稳定并列起来，在"推进国家安全体系和能力现代化"部分纳入公共安全治理、社会治理相关内容。这种发展变化足以说明无论是维护国家安全还是社会稳定，都必须依赖基层基础，基层基础作用发挥正是其重心所在，而国家安全体系和能力现代化水平在很大程度上也体现于基层基础之中。

三、坚持以人民为中心，让基层基础在维护国家安全和社会稳定中发挥关键作用

基层基础人民是根本，基础不牢，地动山摇。党的二十大报告专门强调"夯实国家安全和社会稳定基层基础"，同"坚持以人民安全为宗旨""建设更高水平的平安中国"等要求一脉相承、契合共振。新时代新征程，只有坚持人民至上、固本培元，才能巩固群众基础，打牢社会基础，真正发挥基层基础在维护国家安全和社会稳定中的关键作用。

首先，坚持国家安全一切为了人民，维护人民群众安全权益。以人民为中心是党的根本执政理念，反映到维护国家安全和社会稳定上，以人民安全为宗旨则构成新时代国家安全的根本立场。"人民"一词贯穿党的二十大报告始终，出现了百余次，而在总体国家安全观形成和发展过程中，"以

人民安全为宗旨"一直都是其核心内涵之一，总体国家安全观提出时的"五大要素"包含"以人民安全为宗旨"；2020年习近平总书记主持中央政治局第二十六次集体学习，提出贯彻总体国家安全观的"十个坚持"，也包括"坚持以人民安全为宗旨"；党的二十大报告国家安全专章强调"要坚持以人民安全为宗旨"。为此必须以人民为中心，做好做实基层基础，着力解决人民群众反映强烈的突出安全问题。一方面要提高公共安全治理水平，坚持安全第一、预防为主，完善公共安全体系，抓好安全生产工作，提高综合防灾减灾救灾能力，强化食品药品安全监管，保障人民群众生命财产安全和国家安全。另一方面要完善社会治理体系，健全共建共治共享的社会治理制度，提升社会治理效能，建设人人有责、人人尽责、人人享有的社会治理共同体。

其次，坚持国家安全一切依靠人民，筑牢国家安全人民防线。党的二十大报告强调"江山就是人民，人民就是江山"，人民是党执政兴国的最大底气，维护国家安全和社会稳定也必须紧紧依靠人民、牢牢植根人民，充分发挥人民群众主体作用。一是要坚持群众路线，从群众中来，到群众中去，始终把人民作为国家安全的基础性力量，汇聚起维护国家安全的强大合力，不断夯实国家安全的基层基础。二是要坚持专群结合，发展壮大群防群治力量，大力加强国家安全人民防线建设，推动形成党委领导、政府负责、部门协同、社会参与的"四位一体"工作格局，实现政府、社会、人民群众三者间良性互动，把握维护国家安全和社会稳定的主动权。三是要落细落实相关制度机制保障，如2014年《反间谍法》出台后，先后制定了《反间谍法实施细则》《反间谍安全防范工作规定》，2022年又公布了《公民举报危害国家安全行为奖励办法》等，这些无疑有利于通过更加细化的制度机制保障，提高各方力量参与维护国家安全的积极性和主动性。

最后，全面加强国家安全宣传教育，提高全民国家安全意识。党的二十大报告指出"教育、科技、人才是全面建设社会主义现代化国家的基础性、战略性支撑",同时强调要"全面加强国家安全教育""增强全民国家安全意识和素养",由此可见新时代新征程国家安全教育的重大意义,其重在涵养国家安全意识、重在全民积行成习。一是要聚焦重点内容,以贯彻总体国家安全观为核心,围绕政治安全、经济安全、文化安全、网络安全、科技安全等重点领域开展宣传教育,不断深化广大人民群众对总体国家安全观的理解和认识。二是要创新方式手段,以人民群众喜闻乐见、易于接受的形式开展宣传教育,努力营造"国家安全无小事""国家安全人人有责"的浓厚社会氛围。三是要强化阵地建设,充分利用"4·15全民国家安全教育日"等时间节点,推动国家安全宣传教育进机关、进企业、进农村、进社区、进学校、进网络、进军营"七进"活动,发挥好阵地的作用功能,不断增强全民国家安全意识和素养。

第五节　新时代推进国家安全体系和能力现代化的逻辑

"国家安全体系和能力"是新时代中国特色国家安全话语体系中一个具有原创性、统领性的概念。党的二十大报告第十一部分为"推进国家安全体系和能力现代化,坚决维护国家安全和社会稳定"。作为总体国家安全观核心要义的"十个坚持"也包括"坚持推进国家安全体系和能力现代化"。"国家安全体系和能力"与国家安全是"民族复兴的根基""安邦定国的重要基石""头等大事"的时代定位紧密相关,构成"根基""基石""大事"之基础,关乎党和国家长治久安,关乎人民幸福安康,在其背后呈现出鲜明的战略逻辑、制度逻辑和善治逻辑。

一、推进国家安全体系和能力现代化的战略逻辑：从战略全局把握安全

战略问题是一个政党、一个国家的根本性问题。党的二十大报告首次在党的全会文件中将"推进国家安全体系和能力现代化"作为一个独立部分作出系统阐述，充分体现了我们党对国家安全的战略考量。2021年，中央政治局召开会议审议《国家安全战略（2021—2025年）》，这是党和国家历史上第一部国家安全战略，会议指出新形势下维护国家安全，必须牢固树立总体国家安全观，加快构建新安全格局。其中所彰显的战略宏图在党的二十大报告中得到呈现与进一步丰富发展。

第一，在中华民族伟大复兴战略全局中谋划国家安全。习近平总书记在党的二十大报告中向世界庄严宣告："从现在起，中国共产党的中心任务就是团结带领全国各族人民全面建成社会主义现代化强国、实现第二个百年奋斗目标，以中国式现代化全面推进中华民族伟大复兴。"尽管现在我们比历史上任何时期都更接近、更有信心和能力实现中华民族伟大复兴的目标，但中华民族伟大复兴绝不是轻轻松松、敲锣打鼓就能实现的，必须要有坚强的国家安全保障。在这个意义上，国家安全体系和能力现代化势必为中国式现代化的重要内容之一，党的二十大报告中国家安全是"民族复兴的根基"、社会稳定是"国家强盛的前提"的表述，正是站在全局和战略高度认识把握国家安全和社会稳定地位的必然逻辑。

第二，贯穿统筹发展和安全的治国理政重大原则。党的二十大报告三次提及统筹发展和安全，除在第十一部分强调"提高各级领导干部统筹发展和安全能力"外，还在第一部分阐述新时代十年的伟大变革，在第三部分提出坚持发扬斗争精神中出现"统筹发展和安全"表述，这足以说明发展和安全是事关全局的两件大事，统筹发展和安全是贯穿党和国家事业发展各方面全过程的。此外，党的二十大报告还明确要以新安全格局保障新

发展格局，要确保粮食、能源资源、重要产业链供应链安全，强调提高防灾减灾救灾和重大突发公共事件处置能力、市域社会治理能力、加强个人信息保护等，这些无疑回应了人民日益增长的美好生活需要和不平衡不充分的发展间的新时代社会主要矛盾转化，背后都蕴含着深刻的战略全局考量。

第三，更加强调对安全风险的防范化解。进入新时代，我国面临严峻复杂的国际形势，传统安全和非传统安全威胁叠加交织，各种可以预料和难以预料的风险挑战更多更大，"黑天鹅""灰犀牛"事件随时可能发生，此时必须增强忧患意识，做到居安思危，未雨绸缪，防患于未然。党的二十大报告在维护国家安全和社会稳定上尤为强调"防范化解"重大风险，如完善风险监测预警体系；构建全域联动、立体高效的国家安全防护体系；严密防范系统性安全风险；推动公共安全治理模式向事前预防转型；及时把矛盾纠纷化解在基层、化解在萌芽状态等莫不如此。这些表述均体现对安全风险事先主动防范化解，而不是事后被动应对处置的一面，实际上也清晰反映出要善于从战略层面观大势谋大事，下好先手棋、打好主动仗，以更好防风险、迎挑战、抗打压。

二、推进国家安全体系和能力现代化的制度逻辑：以制度机制保障安全

经国序民，正其制度。在现代社会，法律是治国之重器，法治是国家治理体系和治理能力的重要依托，是制度之治最基本、最稳定、最可靠的保障。作为总体国家安全观核心要义的"坚持推进国家安全体系和能力现代化"即包括"加强法治思维，构建系统完备、科学规范、运行有效的国家安全制度体系"。党的二十大报告在第十一部分中同样有"法治""体系""体制""制度""机制"等表述，这些重要表述背后则蕴含着深刻的制度逻辑。

一是加快重点领域和重大事项的"制度化"。良法是善治之前提。过去五年在党中央集中统一领导下，我们坚定不移贯彻总体国家安全观，在生物安全、出口管制、香港特别行政区维护国家安全、数据安全、反外国制裁、个人信息保护、反有组织犯罪、反电信网络诈骗等重点领域和重大事项上加快推进立法，同时加强国家安全领域党内法规建设，如《党委（党组）国家安全责任制规定》《中国共产党领导国家安全工作条例》等相继制定。这一系列法律法规出台充分体现了"健全国家治理急需的法律制度、满足人民日益增长的美好生活需要必备的法律制度"的全面依法治国新要求，为维护国家安全和社会稳定提供了更加全面系统的制度保障。随着国家安全内涵外延、时空领域、内外因素的深刻变化，根据党的二十大报告精神，还要在重大基础设施、金融、太空、海洋、海外利益、应急管理等重点和新型领域加强制度化、法治化建设，不断增强塑造国家安全态势的能力。

二是推进国家安全法治、战略、政策等更多方面的"体系化"。所谓"体系"，是指一定范围内或者同类事物相互关联而组成的一个整体，其具有整体性、模块化、动态性等显著特点。党的二十大报告在第十一部分数次提及"体系"一词（共涉及十二类体系），涉及内容十分丰富，包括国家安全法治体系、战略体系、政策体系、风险监测预警体系、国家应急管理体系、重点领域安全保障体系、重要专项协调指挥体系、国家安全防护体系、公共安全体系、生物安全监管预警防控体系、城乡社区治理体系等多项具体内容（参见表1）。这些内容贯通国家安全和社会治理两大方面，有着同步维护国家安全和社会稳定的鲜明目标导向。

表1 党的二十大报告第十一部分中的"体系"分布

国家安全体系	公共安全和社会治理体系
①国家安全法治体系	公共安全体系
②国家安全战略体系	
③国家安全政策体系	

续表

国家安全体系	公共安全和社会治理体系
④风险监测预警体系	生物安全监管预警防控体系
⑤国家应急管理体系	
⑥重点领域安全保障体系	
⑦重要专项协调指挥体系	城乡社区治理体系
⑧经济、重大基础设施、金融、网络、数据、生物、资源、核、太空、海洋等安全保障体系	
⑨国家安全防护体系	

实际上，2020年党的十九届五中全会通过的《建议》和党的2021年十九届六中全会通过的《决议》在强调国家安全体系和能力建设时，即已提出健全完善国家安全法治体系、战略体系、政策体系，党的二十大报告对原先的三种体系进一步作出丰富与拓展，科学回应了将国家安全和社会稳定相结合的安全治理目标设计，更有利于把维护国家安全贯穿党和国家工作各方面全过程，打造一个追求目标统一，各体系相互影响、共同作用的"大安全"体系。

三是注重国家安全政策制度落地实施的"机制化"。如果说政策制度侧重相对宏观的规范建构，机制则更强调微观，侧重于组织运行。针对国家安全机制建设，党的二十大报告提出"完善参与全球安全治理机制""强化国家安全工作协调机制""健全反制裁、反干涉、反'长臂管辖'机制""完善正确处理新形势下人民内部矛盾机制"等（共涉及四类机制）。这些机制可以为政策制度实施提供有力保障，如在政策上我们提出"全球数据安全倡议""全球安全倡议"，就需要与之相适应的参与全球安全治理机制；又如《反外国制裁法》要顺利实施，在操作层面亦需健全完善的反制裁机制保障。从机制所涉内容看，其既立足中国又放眼世界，聚焦当前国家安全和社会稳定中的热点问题，与统筹外部安全和内部安全、自身安全和共同安全的总体国家安全观内涵要义也高度契合、一脉相通。（参见表2）

表 2　党的二十大报告所提国家安全机制与国家安全思想、政策制度的对应关系

总体国家安全观	
党的二十大报告所提国家安全机制	国家安全理念、政策与制度
参与全球安全治理机制	如全球安全观、人类命运共同体等理念；《全球数据安全倡议》《全球发展倡议》《全球安全倡议》《全球安全倡议概念文件》等文件内含相关政策
国家安全工作协调机制	如《国家安全法》有关国家安全工作机制建设相关规定（如第 45 条、第 51 条）
反制裁、反干涉、反"长臂管辖"机制	如《不可靠实体清单规定》（2020 年商务部令）、《阻断外国法律与措施不当域外适用办法》（2021 年商务部令）等部门规章；《反外国制裁法》等法律
正确处理新形势下人民内部矛盾机制	如中共中央、国务院《关于加强基层治理体系和治理能力现代化建设的意见》（2021 年 4 月 28 日）等政策文件；《信访工作条例》《国家安全法》（如第 29 条）等法律法规

三、推进国家安全体系和能力现代化的善治逻辑：凸显善治精神目标

在治理理论框架下，善治是治理的一种理想状态，强调通过政府与公民间的合作互动，实现对公共事务的共同参与治理。善治蕴含着更高的价值诉求，其追求公共利益的最大合理化。[①] 党的二十大报告对"国家安全""社会稳定"作出并列表述，又在第十一部分中用"和"字把两者结合

---

① 有学者指出，善治就是使公共利益最大化的社会管理过程；善治的本质特征在于它是政府和公民对公共生活的合作管理，是政治国家与公民社会的一种新颖关系，是两者的最佳状态；善治的基本要素包括合法性、透明性、责任性、法治、回应、有效。参见俞可平主编：《治理与善治》，北京：社会科学文献出版社，2000 年，第 8—11 页。

起来，这既勾连了国家与社会，又反映出国家安全和社会稳定的相互支撑、彼此依赖，而两者间的这种融贯关系正是善治的应有之义。

一方面，"国家安全体系和能力"在政策表达中的位置变化，呈现出国家安全现代化的善治逻辑。2017年党的十九大报告中较早出现"健全国家安全体系"的表述，该表述放在报告第八部分"提高保障和改善民生水平，加强和创新社会治理"；2019年党的十九届四中全会通过《中共中央关于坚持和完善中国特色社会主义制度 推进国家治理体系和治理能力现代化若干重大问题的决定》，在第九部分"坚持和完善共建共治共享的社会治理制度，保持社会稳定、维护国家安全"提出"完善国家安全体系"。这些都是将"国家安全体系"摆在社会治理之下，其属于社会治理的若干任务之一。

与之不同的是，党的十九届五中全会通过的《建议》中，"加强国家安全体系和能力建设"出现在第十三部分"统筹发展和安全，建设更高水平的平安中国"，同时在该部分还有"确保国家经济安全""保障人民生命安全""维护社会稳定和安全"等任务。此时开始将国家安全和社会稳定并列起来。党的二十大报告进一步发展变化，在"推进国家安全体系和能力现代化"下包含社会治理的"提高公共安全治理水平""完善社会治理体系"等内容，即把社会治理放到国家安全之下。（参见表3）

表3 "国家安全体系和能力"在党的重要会议文件中所处的位置

时　　间	党的重要会议文件	所 处 章 节	具 体 表 述
2016.12	中共中央政治局召开会议审议通过《关于加强国家安全工作的意见》	—	加强国家安全能力建设
2017.10	党的十九大报告	第3部分：新时代中国特色社会主义思想和基本方略	加强国家安全能力建设
		第8部分：提高保障和改善民生水平，加强和创新社会治理	健全国家安全体系

续表

时　间	党的重要会议文件	所处章节	具体表述
2019.10	党的十九届四中全会《国家治理决定》	第九部分：坚持和完善共建共治共享的社会治理制度，保持社会稳定、维护国家安全	完善国家安全体系
2020.10	党的十九届五中全会《中共中央关于制定国民经济和社会发展第十四个五年规划和二〇三五年远景目标的建议》	第十三部分：统筹发展和安全，建设更高水平的平安中国	加强国家安全体系和能力建设
2020.12	习近平总书记主持中共中央政治局第二十六次集体学习发表讲话	第九点要求：就贯彻总体国家安全观提出十点要求（"十个坚持"）	坚持推进国家安全体系和能力现代化
2021.11.11	党的十九届六中全会《中共中央关于党的百年奋斗重大成就和历史经验的决议》	第四部分：开创中国特色社会主义新时代（其下第十一点"在维护国家安全上"）	着力推进国家安全体系和能力建设
2021.11.18	中共中央政治局召开会议审议《国家安全战略（2021—2025年）》	—	全面提升国家安全能力
2022.10	党的二十大报告	第十一部分：推进国家安全体系和能力现代化，坚决维护国家安全和社会稳定	推进国家安全体系和能力现代化；健全国家安全体系；增强维护国家安全能力

这些变化至少说明了三个问题：其一，回应了进入新时代国家安全形势日益严峻复杂的客观现实，凸显出维护国家安全的特殊重要性；其二，进一步拓展了推进国家安全体系和能力现代化的范围，有助于切换看问题的方式，在国家安全中更好地理解和把握治理问题；其三，作为国家安全的有机组成部分，公共（社会）安全追求的重要目标之一即社会稳定，而不管是国家安全抑或社会稳定，又都依赖于基层基础，夯实基层基础无疑同善治包含的合法性、透明性、责任性、回应性等要素是相契合的。

另一方面，善治所追求的公民参与式治理下社会安定有序、人民安居乐业的目标，融入推进国家安全体系和能力现代化之中。首先，在"人民"已成为党的二十大报告高频词汇的同时，作为新时代国家安全根本立场的"坚持以人民安全为宗旨"在党的二十大报告中再次被强调，深刻体现了"国家安全一切为了人民"的善治目标追求。特别是随着我国进入新发展阶段，完整、准确、全面贯彻新发展理念必然要求构建新发展格局，而在新发展格局下，安全在人民对美好生活的向往中的分量会越来越重，此时需要以人民为中心提升公共安全治理水平、完善社会治理体系，建设更高水平的平安中国，以新安全格局保障新发展格局。其次，"国家安全一切依靠人民"的衡量安全善治的参与性、开放性等标准，同样在党的二十大报告中得到淋漓尽致的体现。例如，"筑牢国家安全人民防线""发展壮大群防群治力量"就要把人民作为国家安全和社会稳定的基础性力量，充分发挥其参与治理的积极性、主动性和创造性；"健全共建共治共享的社会治理制度""建设人人有责、人人尽责、人人享有的社会治理共同体"的表述也都清楚展现了汇聚维护国家安全和社会稳定强大力量的一面。

第六节　国家安全体系和能力现代化是中国式现代化的应有之义

党的二十大报告在阐述新时代新征程中国共产党的中心任务时指出"团结带领全国各族人民全面建成社会主义现代化强国、实现第二个百年奋斗目标，以中国式现代化全面推进中华民族伟大复兴"，同时报告又在第十一部分对"推进国家安全体系和能力现代化"作出专门强调。其中，两个"现代化"的重要论述一脉相通、内在统一，国家安全体系和能力现代化构成中国式现代的应有之义，是中国式现代化的"国家安全版"。中国式现代化的科学内涵和五个特征①，深刻反映出其与国家安全体系和能力现代化的紧密关系。

一、党的领导：中国式现代化与国家安全体系和能力现代化的根本保证

办好中国的事情，关键在党。党的二十大报告深刻指出，中国式现代化是"中国共产党领导的社会主义现代化"，中国式现代化的本质要求包括"坚持中国共产党领导"，而作为总体国家安全观核心要义的"十个坚持"，放在首位的也是"坚持党对国家安全工作的绝对领导"，这是做好新时代国家安全工作的根本原则。中国式现代化的最终目标是实现中华民族伟大复兴，国家安全是民族复兴的根基，实现中国式现代化无疑需要安全稳定的政治社会环境，由此中国式现代化与国家安全体系和能力现代化紧密联系起来，后者为前者提供安全保障与基础支撑，是前者不可缺少的前提条件。

中国特色社会主义本质上是社会主义，而不是别的主义。党的领导既是中国特色社会主义最本质的特征，也是中国特色社会主义制度的最大优势。在党领导人民进行革命、建设、改革的长期实践中，"党政军民学，东西南北中，党是领导一切的"可谓一条宝贵的历史经验，必须加倍珍惜、始终坚持。在新中国成立特别是改革开放以来长期探索和实践基础上，经过党的十八大以来在理论和实践上的创新突破，我们党成功推进和拓展了中国式现代化，这同样是在充分发挥党总揽全局、协调各方的领导核心作用下实现的。如果没有党的领导，就不可能取得今天的伟大成就，民族复

---

① 根据党的二十大报告相关论述，中国式现代化是中国共产党领导的社会主义现代化，既有各国现代化的共同特征，更有基于自己国情的中国特色；中国式现代化是人口规模巨大的现代化、全体人民共同富裕的现代化、物质文明和精神文明相协调的现代化、人与自然和谐共生的现代化、走和平发展道路的现代化，这些构成中国式现代化的五个重要特征。

兴必然沦为空想。

新中国成立以来，党中央对发展和安全高度重视，始终把维护国家安全工作紧紧抓在手上。改革开放后，党高度重视正确处理改革、发展、稳定的关系，把维护国家安全和社会安定作为党和国家的一项基础性工作来抓，为以中国式现代化推进中华民族伟大复兴营造了良好的安全环境。在党中央集中统一领导下，我们坚持以总体国家安全观为指导，着力加强国家安全体系和能力建设，设立中央国家安全委员会，完善集中统一、高效权威的国家安全领导体制，把党的领导贯穿国家安全工作全过程和各方面，推动各级党委（党组）落实国家安全责任制。新时代 10 年来，国家安全得到全面加强，为推进和拓展中国式现代化提供了坚强安全保障，这些都是在党的领导下党和国家事业所取得的历史性成就和发生的历史性变革。

二、以人民为中心：中国式现代化与国家安全体系和能力现代化的目标宗旨

在党的二十大报告中，"人民"一词贯穿治国理政各领域各方面，既是高频词，更是关键词。中国式现代化是人口规模巨大的现代化，也是全体人民共同富裕的现代化，把实现人民对美好生活的向往作为出发点和落脚点，中国式现代化的本质要求包括"发展全过程人民民主""实现全体人民共同富裕"等方面。这些充分彰显了中国式现代化的人民立场、人民情怀。以"全体人民共同富裕"为例，"富裕"同发展相连，"共同"与公平攸关，其明显不同于少数人富裕、贫富悬殊、两极分化的西式现代化，强调增进民生福祉，实现人的全面发展和社会全面进步。在推进中国式现代化的道路上，只有坚持以人民为中心的发展思想，发展为了人民、发展依靠人民、发展成果由人民共享，才能一往无前、无往不胜，真正凝聚民族复兴的磅礴力量。

与中国式现代化的人民性特质相契合，党的二十大报告在第 11 部分强调"坚持以人民安全为宗旨""维护我国公民、法人在海外合法权益""加强个人信息保护"等，在更宏观意义上，报告基于维护社会稳定之目标，提出"提高公共安全治理水平""完善社会治理体系"，同样是为了实现人民群众最基本、最普遍的"国泰民安"愿望。这些无不体现出国家安全体系和能力现代化"人民至上"的立场。实际上，作为新时代国家安全的根本立场，坚持以人民安全为宗旨正是总体国家安全观的核心要义之一，国家安全必须一切为了人民、一切依靠人民，"人民"可以把中国式现代化与国家安全体系和能力现代化的目标宗旨有机统摄起来。

此外，中国式现代化"人口规模巨大"这一"基于自己国情的中国特色"，一方面，呈现出全面推进中国式现代化新征程上所面临前所未有的艰巨性和复杂性；另一方面，从国家安全一切依靠人民角度来看，也显示了国家安全基础性力量的规模体量，可以通过加强国家安全宣传教育，增强全民国家安全意识和素养，充分发挥广大人民群众的积极性、主动性和创造性，筑牢国家安全人民防线，有效汇聚起维护国家安全的强大合力。

三、统筹协调：中国式现代化与国家安全体系和能力现代化的内容方法

党的二十大报告指出，中国式现代化是物质文明和精神文明相协调、人与自然和谐共生的现代化，本质要求在于实现高质量发展、丰富人民精神世界、促进人与自然和谐共生。进入新时代，我国社会的主要矛盾已经由人民日益增长的物质文化需要同落后的社会生产力之间的矛盾，转化为人民日益增长的美好生活需要和不平衡不充分的发展之间的矛盾。物质贫困不是社会主义，精神贫乏也不是社会主义，因此必须协调好物质文明和精神文明的关系；大自然是人类赖以生存发展的基本条件，人与自然构成

生命共同体，必须强化系统思维，统筹把握好人与自然的"和谐共生"关系。唯有如此，才能实现物质富足、生活富裕、精神富有、生态良好，而这些正是"实现高质量发展"这一中国式现代化本质要求的应有之义。

发展是安全的基础，安全是发展的条件。当前，我国已进入新发展阶段，这是中华民族伟大复兴历史进程的一次大跨越。作为新发展阶段的主题，高质量发展必然要求统筹发展和安全，推动实现更加安全的发展。在推进国家安全体系和能力现代化上，党的二十大报告强调"建设更高水平的平安中国，以新安全格局保障新发展格局"，便深刻呈现出发展进程中对安全问题的考量。实际上，中国式现代化丰富内涵中的"人口规模巨大""物质文明和精神文明""人与自然"等范畴要素莫不与国家安全和社会稳定息息相关，在这之中涉及人民安全、经济安全、文化安全、社会安全、生态安全等诸多安全问题。既然推进中国式现代化要协调若干内容，与之相配合，推进国家安全体系和能力现代化就必须坚持"大安全"理念，加强对国家安全重点领域、重要事项的统筹。党的二十大报告指出，必须坚定不移贯彻总体国家安全观，统筹外部和内部安全、国土和国民安全、传统和非传统安全、自身和共同安全、维护和塑造国家安全，强调健全完善国家安全、社会治理一系列子体系，这些既明确了统筹的重点内容，也蕴含着科学的思维方法，无疑将为以中国式现代化全面推进中华民族伟大复兴提供有力的安全保障。

四、和平发展：中国式现代化与国家安全体系和能力现代化的道路选择

以全球眼光纵观人类发展史，不同于一些西方国家通过血腥罪恶的战争、殖民、掠夺等方式实现现代化的老路，中国式现代化是走和平发展道路的现代化，这是一条与传统大国轨迹不尽相同的和平崛起之路，也是对

西式现代化道路的成功"超越"。一方面，就基本立场而言，我们坚定站在历史正确的一边、站在人类文明进步的一边，高举和平、发展、合作、共赢的旗帜，在坚定维护世界和平与发展中谋求自身发展，又以自身发展更好地维护世界和平与发展；另一方面，在目标旨归上，我们推动构建人类命运共同体，创造人类文明新形态，这既遵循了现代化的一般规律，又拓展了发展中国家走向现代化的途径，给世界上那些既希望加快发展又希望保持自身独立性的国家和民族提供了全新选择。

实际上，历史上确有一些国家"因强成霸"，但"国强必霸"并非历史定律。中国从来没有侵略扩张的基因，无论发展到什么程度，永远不称霸、不搞扩张。因而坚持和平发展是中国特色国家安全道路的一个显著标志，推进国家安全体系和能力现代化必须贯彻总体国家安全观"坚持推进国际共同安全"的核心要义，这也是"以促进国际安全为依托""统筹自身安全和共同安全"的必然要求。党的二十大报告提出"完善参与全球安全治理机制""加强海外安全保障能力建设"等要求，这些均与走和平发展道路的中国式现代化的特征高度契合。正因如此，新时代10年来，我们高举合作、创新、法治、共赢旗帜，扬弃超越西方的"零和安全观"，推动树立共同、综合、合作、可持续的全球安全观，先后提出全球数据安全倡议、全球发展倡议、全球安全倡议、国际粮食安全合作倡议、全球安全倡议概念文件、全球文明倡议，践行真正的多边主义，加强国际安全合作，完善全球安全治理体系，与世界各国一道构建普遍安全的人类命运共同体。

第四章
新时代国家安全治理话语体系的"历史论"

重视吸取历史经验是中国共产党的优良传统。总体国家安全观继承了我们党维护国家安全的理论成果和实践经验，汲取了中华优秀传统文化的精髓。习近平总书记指出："思政课教师的历史视野中，要有五千多年中华文明史，要有五百多年世界社会主义史，要有中国人民近代以来一百七十多年斗争史，要有中国共产党近一百年的奋斗史，要有中华人民共和国七十年的发展史，要有改革开放四十多年的实践史，要有新时代中国特色社会主义取得的历史性成就、发生的历史性变革。"这一重要论述对认识国家安全亦极具启示意义，完全可以将其放到宏大的历史视野中加以观察。历史犹如一面镜子，鉴古知今，学史明智，本章正是从历史、现实与未来相贯通的角度阐述新时代国家治理话语体系的安全"历史论"。

第一节　中国共产党国家安全工作的"百年经验"

在中央政治局第二十六次集体学习时，习近平总书记指出："我们党诞生于国家内忧外患、民族危难之时，对国家安全的重要性有着刻骨铭心的认识。新中国成立以来，党中央对发展和安全高度重视，始终把维护国家安全工作紧紧抓在手上。"2021 年是中国共产党成立一百周年，在波澜壮阔的百年征程中，党领导人民取得举世瞩目的辉煌成就，中华民族实现了从站起来、富起来到强起来的历史性飞跃。风雨百年路，党的发展壮大、国家建设发展每时每刻都离不开国家安全，百年党史也是一部国家安全工作的百年史。一百年来，我们党始终高度重视国家安全，通过实践积累形成一系列重要的国家安全工作经验，为维护和塑造国家安全提供了科学遵循。

一、根本原则：党对国家安全工作的绝对领导

党政军民学，东西南北中，党是领导一切的。国家安全工作的政治属性极其鲜明，更是必须突出党的领导，要害在"绝对"二字，即党对国家安全工作领导的唯一性、彻底性、无条件性。早在中国共产党创建初期和国民革命时期，就萌发了保卫党的安全、保卫工农运动的保卫工作。国民革命失败后，为打击敌人、保护自己，在白色恐怖中诞生了党的保卫组织——中央特别行动科（简称"中央特科"）。1928年11月14日，中共中央常委会决定，建立中央特别工作委员会，在周恩来的直接领导下与反动派展开了复杂严峻的斗争，为保卫中共中央安全作出了重要贡献。1939年2月，负有除奸肃特、情报保卫任务的中央社会部在延安成立，中央书记处在《关于成立社会部的决定》中指出："为了保障党的组织的巩固，中央决定在党的高级组织内成立社会部。"此后，抗日战争、解放战争、抗美援朝、对印和对越自卫反击战等战争取得伟大胜利，离不开党的正确指挥与领导。在中国革命、建设、改革伟大实践中，我们直面诸多国家安全问题，一路攻坚克难、披荆斩棘，取得一个又一个胜利，同样是因为坚持了党对国家安全工作的绝对领导这条根本原则。

在新的历史时期，国家安全形势复杂多变，但坚持党对国家安全工作的绝对领导不曾变，并日益走向深化、细化、实化。为更好适应国家安全新形势新任务，建立集中统一、高效权威的国家安全体制，加强对国家安全工作的领导，党的十八届三中全会决定成立国家安全委员会，使党在国家安全工作中的统领和协调作用得到空前强化。党的十九届中央国家安全委员会第一次会议又审议通过《党委（党组）国家安全责任制规定》，明确了各级党委（党组）维护国家安全的主体责任。在国家安全法治建设中，坚持党对国家安全工作的领导也已成为一条基本法律原则。正是通过这些组织上、制度上的不断健全完善，有力确保了这条根本原则全面贯彻落实。

二、人民立场：国家安全一切为了人民、一切依靠人民

习近平总书记指出："我们党干革命、搞建设、抓改革，都是为了让人民过上幸福生活。"中国共产党的初心使命源于马克思主义为人类求解放的崇高目标，在国家安全工作中集中表现为对国家安全一切为了人民、一切依靠人民立场的坚守。在革命战争时期，毛泽东就提出"人民战争"思想论断，他说"兵民是胜利之本"，"革命战争是群众的战争，只有动员群众才能进行战争，只有依靠群众才能进行战争"。① 新中国成立后，面对严峻的国内外安全形势，我们党团结带领全国各族人民展开了巩固新生政权的斗争，20 世纪六七十年代，毛泽东提出"备战、备荒、为人民"，"深挖洞、广积粮、不称霸"战略方针，体现了他对"冷战"时期国家安全的深入思考。改革开放时期，在和平与发展成为时代主题的战略判断下，国家安全重心由生存安全转向发展安全，邓小平说"发展才是硬道理"目的正在于发展为了人民。② 20 世纪 90 年代以来，经济全球化和世界多极化趋势渐显，面对发展中的安全问题，江泽民强调中国共产党始终代表"中国最广大人民的根本利益"③，胡锦涛指出"坚持以人为本"④。进入新时代，中国共产党又提出"人民安全"范畴，并将"以人民安全为宗旨"纳入总体国家安全观的核心要义，这实际上是坚持以人民为中心根本立场在国家安全工作中的呈现。

如果将建党一百年中不同时期的实践勾连起来，不难看出纵使安全形势瞬息万变，但国家安全一切为了人民、一切依靠人民的人民立场始终没有变。在坚持这一立场的过程中，我们党已经深刻认识到"为了"和"依

---

① 《毛泽东选集》（第 2 卷），北京：人民出版社，1991 年，第 509 页；《毛泽东选集》（第 1 卷），北京：人民出版社，1991 年，第 136 页。
② 《邓小平文选》（第 3 卷），北京：人民出版社，1993 年，第 377 页。
③ 《江泽民文选》（第 3 卷），北京：人民出版社，2006 年，第 536 页。
④ 《胡锦涛文选》（第 2 卷），北京：人民出版社，2016 年，第 166 页。

靠"之间的关系，前者是目的，后者是方式，两者相辅相成、辩证统一。因此在切实维护人民安全权益的同时，必须依靠人民汇聚起维护国家安全的强大力量。

三、工作方法：统筹兼顾抓好国家安全工作

习近平总书记指出："统筹兼顾是中国共产党的一个科学方法论。它的哲学内涵就是马克思主义辩证法。"在建党 100 年中，统筹兼顾的科学方法既有宏观的通盘考量，亦有微观的具体运用，可以说贯穿于国家安全工作方方面面。

例如，20 世纪 70 年代以来，在多种因素共同作用下国际形势总体趋缓，邓小平提出世界大战打不起来的战略判断，他说："现在需要的是全国党政军民一心一意地服从国家建设这个大局，照顾这个大局。……无论空军也好，海军也好，国防科工委也好，都应该考虑腾出力量来支援国民经济的发展。"[①] 这即是在深刻把握国际国内形势变化情况下，对军事安全和经济建设作出的统筹兼顾，当和平与发展成为世界的主题时，无疑需要强调通过经济建设维护国家安全，从而为国家安全奠定坚实的物质基础。对于这一时期政治安全面临的威胁，邓小平也有清醒的认识，他说："在实现四个现代化的整个过程中，至少在本世纪剩下的十几年，再加上下个世纪的头 50 年，都存在反对资产阶级自由化的问题"[②]，因此他要求加强政治思想领域的建设。这又是在现代化建设全局中对重大政治安全和意识形态风险的统筹考虑。站在新的历史起点，统筹兼顾已然成为国家安全的重要话语体系，"统筹发展和安全"如此，"坚持政治安全、人民安全、国家利益

---

① 《邓小平文选》（第 3 卷），北京：人民出版社，1993 年，第 99 页。
② 冷溶、汪作玲主编：《邓小平年谱：1975—1997》，北京：中央文献出版社，2004 年，第 1172—1173 页。

至上有机统一"同样如此。

又如，安全观集中反映安全主体对安全内涵外延的基本认识，对国家安全工作具有重要指导意义。一百年来，我们党根据安全形势变化、国家发展阶段特点先后形成"冷战"下的传统安全观、冷战后的新安全观和新时代的总体国家安全观①，并运用其指导不同时期国家安全工作，逐步构建大安全格局。在"新""总体""大安全"背后包含着对复杂严峻的安全威胁、拓展延伸的安全领域、日益多元的安全价值等方面综合的、动态的考量，仍然蕴含着深刻的统筹思维，是统筹兼顾方法在国家安全工作中的具体运用。

四、路径选择：既为安全而斗争又为安全求合作

在国家安全工作中，斗争与合作犹如硬币的两面，既在斗争中谋求合作，又在合作中展开斗争。在这个意义上，百年党史既是一部可歌可泣的斗争史，亦是一部可圈可点的合作史。

习近平总书记指出："中华民族伟大复兴绝不是轻轻松松、敲锣打鼓就能实现的。"一百年来，斗争构成了国家安全工作的基本面。1936年12月，毛泽东在陕北红军大学作《中国革命战争的战略问题》演说时指出："我们的战略是'以一当十'，我们的战术是'以十当一'，这是我们制胜敌人的根本法则之一。"②20世纪80年代末，面对西方的制裁封锁，邓小平说："世界上最不怕孤立、最不怕封锁、最不怕制裁的就是中国。"③针对涉及国

---

① 在"冷战"时期的传统安全观下，军事安全在国家安全中占据重要地位，"冷战"结束后，江泽民在1999年提出了以互信、互利、平等、协作为核心的新安全观，强调安全必须是各国的普遍安全。参见《江泽民文选》（第2卷），北京：人民出版社，2006年，第313页。
② 《毛泽东选集》（第1卷），北京：人民出版社，1991年，第225页。
③ 冷溶、汪作玲主编：《邓小平年谱：1975—1997》，北京：中央文献出版社，2004年，第1293页。

家主权和领土完整的原则问题，江泽民强调绝不屈服于外来压力。胡锦涛指出，中华民族历来不怕鬼、不信邪。进入新时代，面对国家安全新形势新问题，习近平总书记强调要"敢于斗争、善于斗争""不断增强斗争意识、丰富斗争经验、提升斗争本领"。正是在伟大斗争精神引领下，我们党在领导人民救国、兴国、强国的光辉历程中，打赢了一场又一场安全硬仗。

硬币的另一面是为安全求合作，目的在于通过合作塑造有利的安全态势，实现更大范围、更宽领域的安全。在中国革命、建设、改革时期莫不如此，例如，以国共合作为基础的抗日民族统一战线，是取得抗战胜利的重要法宝；新中国成立初期，在"一边倒"外交政策下建立中苏同盟关系，为维护当时的国家安全发挥了重要作用；20世纪50年代，提出和平共处五项原则以来，我们加强同广大发展中国家合作，营造了总体和平稳定的外部环境。进入新时代，随着各国联系日益紧密，安全问题的联动性、跨国性、多样性更加突出，没有哪个国家能仅凭一己之力谋求自身安全，也没有哪个国家可以从他国的动荡中获得安全。为此我们党提出共同、综合、合作、可持续的全球安全观，共同构建普遍安全的人类命运共同体，这又是全球视野下为安全求合作新的时代表达。

五、底线坚守：坚持维护国家安全的底线思维

底线思维作为一种重要的思维方式，要求在评估风险基础上，凡事从最坏处着眼，努力争取最好的结果。毛泽东就是善用底线思维的战略大师，面对抗战即将取得胜利的有利形势，他在1945年中共七大上提出"我们要在最坏的可能性上建立我们的政策"，并列举我们可能遭遇的"十七条困难"。[①]1957年1月27日，在省市自治区党委书记会议上的讲话中，他又

---

① 中共中央文献研究室编：《毛泽东文集》（第3卷），北京：人民出版社，1996年，第387—392页。

说："现在我们得了天下，还是要从最坏的可能来设想。"站在马克思主义基本立场，底线思维本质上是一种唯物辩证法，是"有守"和"有为"的辩证统一。

在我们党的国家安全工作中，底线思维始终与维护国家主权、安全、发展利益攸关。新中国成立初期，保卫新生政权、确保国家独立是国家安全的首要任务，此时国家安全工作自然以维护主权安全作为一条底线，军事安全在国家安全中占据了突出地位；改革开放时期，国家安全的主要特点转变为维护发展安全，此时国家安全工作又以此为底线展开。在新的历史条件下，国家安全的内涵外延更加丰富，时空领域更加宽广，内外因素也更加复杂，习近平总书记多次强调要"坚持底线思维，增强忧患意识"，要有"乱云飞渡仍从容"的战略定力。从中不难看到底线思维在维护国家安全中的一以贯之。

如果把国家安全工作放到实现"两个一百年"奋斗目标、实现中华民族伟大复兴的中国梦的历史进程中，它本身就是一条极为重要的"底线"，如习近平总书记所强调的："推动创新发展、协调发展、绿色发展、开放发展、共享发展，前提都是国家安全、社会稳定。没有安全和稳定，一切都无从谈起。"正因如此，一百年来我们党十分注重运用底线思维，不断深化对国家安全的认识，"国家安全是安邦定国的重要基石""国家安全是头等大事"等新时代话语表达，无不是对底线思维的生动诠释。

六、力量保障：重视国家安全队伍建设

马克思主义认为，人是生产力中最革命、最活跃的因素，对于具有极端重要性的国家安全工作更是如此。一百年来，我们党高度重视安全保卫队伍建设，1926年，中共中央针对北洋军阀和国民党右派的破坏，派人到苏联学习保卫工作，为建立中央特科准备了条件。毛泽东曾讲，我们要消

灭敌人，就要有两种战争，一种是公开的战争，一种是隐蔽的战争。在党的坚强领导下，隐蔽战线从无到有、从小到大，培养出李克农、钱壮飞、胡底等一批隐蔽战线精英，为保卫党的安全、国家安全作出了重要贡献。1949年11月5日，就公安部的成立，周恩来指出："国家安危，公安系于一半"①；为适应新形势发展需要，1983年6月，六届全国人大一次会议决定国务院设立国家安全部，保卫社会主义现代化建设，加强反间谍工作，保障国家安全。

我们党历来重视对国家安全干部的教育培养，如中央特科建立后，针对一些不良倾向，周恩来亲自制定"三大任务一不许"，即任务是搞情报、惩处叛徒和执行各种特殊任务，不许在党内相互侦察，从而为隐蔽战线斗争指明了正确方向。在新的历史条件下，习近平总书记对国家安全干部队伍提出"坚定纯洁、让党放心、甘于奉献、能拼善赢"十六字要求，在中共中央政治局第二十六次集体学习时，他又强调："加强国家安全战线党的建设，坚持以政治建设为统领，打造坚不可摧的国家安全干部队伍。"这些无不说明，新时代国家安全干部队伍建设在党的领导下只能加强，不能削弱。新时代，我们党始终坚持与时俱进的精神品格，不断加强技术、经贸、文化、法律等安全相关领域专业队伍建设，如出于运用法治方式开展安全斗争现实需要，在习近平总书记"加快涉外法治工作战略布局"要求下，大力推进涉外法治人才培养。只有这样，才能实现充分利用多种手段应对日趋综合、复杂、多变的安全问题，在"人民战争的汪洋大海"中切实维护和塑造国家安全。

习近平总书记指出："我们党一步步走过来，很重要的一条就是不断总结经验、提高本领，不断提高应对风险、迎接挑战、化险为夷的能力水平。"中国共产党国家安全工作的"百年经验"，既是经验精华的沉淀，又

---

① 康大民：《光荣而艰巨的"一半"——学习周恩来总理"国家安危，公安系于一半"著名论断》，《北京人民警察学院学报》2000年第3期。

集中彰显了经验的不断丰富发展。我们依靠"百年经验"走到今天，也必然通过发展"百年经验"走向未来。

第二节　贯通维护国家安全历史、现实与未来的光辉文献

党的十九届六中全会审议通过《决议》，全景式总结了我们党百年奋斗取得的伟大成就，概括提炼了党百年奋斗积累的宝贵历史经验，是一篇马克思主义纲领性文献，内容丰富，意蕴厚重，影响深远。《决议》专门成章用900余字，深刻阐述新时代维护国家安全的历史性成就和历史性变革。此外《决议》还将不同历史时期维护国家安全取得的成就和经验充溢于字里行间。通过《决议》可以看到，不管是过去、现在抑或未来，我们党始终把国家安全工作紧紧抓在手上，波澜壮阔的百年党史彰显出党团结带领人民为维护国家安全不懈奋斗的光辉历程。

一、《决议》全面回顾在党的领导下维护国家安全的历史

清人龚自珍云："欲知大道，必先为史。"党的历史是最生动、最有说服力的教科书，只有全面回顾总结党的历史，才能从中汲取前进的智慧和力量。1921年，党诞生之时处在国家内忧外患、民族危难之际，我们党对国家安全重要性的认识可以说是刻骨铭心的。《决议》开篇序言指出，党走过百年历程"团结带领全国各族人民为争取民族独立、人民解放和实现国家富强、人民幸福而不懈奋斗"，其中虽未出现"安全"二字，背后却蕴含着我们党在政治上战略上对国家安全的深远考量。在《决议》第一部分"夺取新民主主义革命伟大胜利"、第二部分"完成社会主义革命和推进

社会主义建设"、第三部分"进行改革开放和社会主义现代化建设",尽管"安全"一词也只出现了一次,但党在这三个历史阶段取得的重大成就与维护国家安全有着千丝万缕的联系。

在新民主主义革命时期,党面临的主要任务是反帝反封建反官僚资本主义,争取民族独立、人民解放,没有国家安全便没有中华民族伟大复兴的社会条件。我们党以强烈的历史使命感咬定任务顽强奋斗,取得抗日战争、解放战争等伟大胜利,1949年新中国成立结束了近代中国被侵略、被奴役的屈辱历史。《决议》指出"中国人民从此站起来了,中华民族任人宰割、饱受欺凌的时代一去不复返了",实际上也是这一时期维护国家安全建立的丰功伟绩。

在社会主义革命和建设时期,党领导人民战胜一系列严峻挑战,实现祖国大陆完全统一,赢得抗美援朝战争伟大胜利,捍卫了新中国安全,使新生政权在错综复杂的国内国际环境中得以站稳脚跟。同时提出和平共处五项原则,坚决维护国家独立、主权、尊严,作出永远不称霸的庄严承诺。这些至今仍是国家安全工作的重要原则,亦是《决议》所言"中国人民不但善于破坏一个旧世界、也善于建设一个新世界"在维护国家安全上的集中呈现。

在改革开放和社会主义现代化建设时期,面对风云激荡的国际形势,我们党英明地提出"和平与发展是当今时代的主题"战略判断,不断解放生产力,发展生产力,正确处理改革发展稳定关系,把维护国家安全和社会安定作为党和国家一项基础性工作来抓,从容应对来自政治、经济、军事等方面诸多风险考验,为改革开放和社会主义现代化建设营造了良好安全环境,使"中国大踏步赶上了时代",同时也显示出党抵御风险和驾驭复杂局面的强大能力。

历史是最好的清醒剂,更是丰富的营养剂。《决议》通过系统的历史回溯,一方面使我们清醒认识在党的坚强领导下维护国家安全所取得的重大成就，明白"走过的路""走过的过去""为什么出发"；另一方面，这些也成为国家安全工作取之不尽、用之不竭的精神宝库和力量源泉，为我们坚定历史自信，把握历史主动，继续前进提供充足的养分。《决议》提出党百年奋斗历史经验的"十个坚持"，便深切体现了其中的历史逻辑。例如，今天走好中国特色国家安全道路，即是"坚持中国道路""坚持独立自主"等历史经验的逻辑展开；再如国家安全以人民安全为宗旨，无疑是"坚持人民至上"这条经验的具体体现，而国家安全一切依靠人民则又与"坚持统一战线"契合共振。

二、《决议》深刻分析新时代维护国家安全的问题和挑战

进入新时代，在全面建成小康社会基础上已经开启全面建设社会主义现代化国家、向第二个百年奋斗目标进军新征程，必然充满一系列新问题新挑战，维护国家安全亦不例外。《决议》第四部分"开创中国特色社会主义新时代"专门对党的十八大以来，维护国家安全领域取得的历史性成就、发生的历史性变革进行总结，其中蕴含着鲜明的问题导向和强烈的忧患意识、风险意识。

第一，把对问题和挑战的分析立基于强烈的忧患意识之上。忧患意识是中华民族精神的重要支柱，也是百年大党历经挫折磨难不断走向辉煌的精神密码。迈进新时代，面对复杂多变的安全和发展环境，各种可以预料和难以预料的风险因素明显增多，维护国家安全任务更为繁重艰巨，只有增强忧患意识、始终居安思危，方能更好地查问题、防风险、迎挑战。早在2014年中央国家安全委员会第一次会议上，习近平总书记就指出，"增强忧患意识，做到居安思危，是我们治党治国必须始终坚持的一个重大原则"。党的十九大报告对此再次作出强调。《决议》指出，维护国家安全"必须坚持底线思维、居安思危、未雨绸缪"，党在新时代"注重防范化解

影响我国现代化进程的重大风险";《决议》要求,全党必须铭记生于忧患、死于安乐,常怀远虑、居安思危。这些论述均体现出强烈的忧患意识、风险意识,也是这一重大原则在问题挑战分析中的深度运用。

第二,站在战略全局高度把握维护国家安全新问题新挑战。《决议》引用习近平总书记多次强调的重要论断,即"保证国家安全是头等大事";《决议》同时强调,全党必须清醒认识到,中华民族伟大复兴绝不是轻轻松松、敲锣打鼓就能实现的。这些清晰反映了维护国家安全在党和国家事业发展战略全局中的重要性。面对新时代国内国际两个大局,我国国家安全形势变化呈现出不少新特点新趋势,唯有找准问题把准脉,才能有效维护国家安全。《决议》站在战略和全局的高度,既充分概括,又重点分析,对新时代维护国家安全面临的新问题新挑战作出深刻阐述。《决议》指出,进入新时代,我国面临更为严峻的国家安全形势,外部压力前所未有,传统安全威胁和非传统安全威胁相互交织,"黑天鹅""灰犀牛"事件时有发生。这些无疑是立足现实、着眼未来,在深刻认识我国安全形势不确定性不稳定性日益增大,系统把握安全问题联动性、跨国性、多样性日渐突出的新特点新趋势基础上,对维护国家安全的问题和挑战所作的科学判断。此外,《决议》对来自境内外敌对势力围堵、打压、捣乱、渗透、破坏、颠覆、分裂活动,以及涉港涉台涉疆涉藏涉海等斗争进行阐述,则又表现为站在实现中华民族伟大复兴的潮头针对国家安全重点问题进行专门分析。

第三,在国家安全体系和能力与安全需求的差距中找问题。党的十九大报告指出,进入新时代,我国社会主要矛盾已经转化为人民日益增长的美好生活需要和不平衡不充分的发展之间的矛盾。《决议》强调"国泰民安是人民群众最基本、最普遍的愿望",国家安全"以人民安全为宗旨"。从安全角度看,新时代人民对美好生活的向往更加强烈,也必然体现到越来越强烈的安全需求中。例如,人民群众渴望国家繁荣昌盛,渴望社会安定有序,也渴望吃得安全放心,渴望网络信息安全,渴望人身财产安全有保障,等等。与之不相适应的是，当前国家安全体系和能力建设还存在一些短板弱项。对此《决议》没有回避，更没有"选择性忽略"，而是对标新形势新任务新要求，指出我国维护国家安全能力不足、应对各种重大风险能力不强、维护国家安全统筹协调机制不健全等方面问题，这就为新时代国家安全治理瞄准矛盾问题、精准靶向发力提供了行动指南。

三、《决议》科学指引开创国家安全工作新局面前行方向

新时代要有新气象新作为，既要知道"从哪里来"，也要清楚"往哪里去"。《决议》指出："今天，我们比历史上任何时期都更接近、更有信心和能力实现中华民族伟大复兴的目标。"在新的历史条件下实现党的历史使命，矛盾困难会越来越多，压力阻力会越来越大，必须准备付出更为艰巨、更为艰苦的努力，勇于战胜一切风险挑战，不断开创新时代国家安全工作新局面。

一是以不断丰富和发展的总体国家安全观为指导。自2014年我们党首次提出总体国家安全观以来，它从来都不是封闭和孤立的，而是一个内容丰富、开放包容、不断发展的战略思想体系。《决议》指出，总体国家安全观涵盖政治、军事、国土、经济、文化、社会、科技、网络、生态、资源、核、海外利益、太空、深海、极地、生物等诸多领域。国家安全重点领域从最初的11个，到《决议》的16个，再到2021年11月18日中央政治局召开会议审议《国家安全战略（2021—2025年）》提出数据安全、人工智能安全等领域，无不清晰展现出这种开放性包容性。另外，就体现总体国家安全观精髓要义的"五大要素""五对关系"，《决议》对前者在保障要素中增加科技，对后者进一步提出"五个统筹"及安全发展理念，这些与时俱进回应了我国国家安全内涵外延更丰富、时空领域更宽广、内外因素更复杂的新形势新变化，为维护国家安全提供思想引领，指明前进方向。

二是坚持系统思维统筹重大关系构建大安全格局。作为牵涉面广的系统工程，维护国家安全贯穿党和国家工作各方面全过程，必须贯彻总体国家安全观，同经济社会发展一起谋划部署，系统抓好落实。对系统思维的强调，在《决议》对一系列重大关系统筹相关表述中得到集中体现，目的在于构建大安全格局，而在新形势面前，大安全格局也必然是一种与新发展格局相同步的新安全格局。《决议》强调"统筹发展和安全，统筹开放和安全，统筹传统安全和非传统安全，统筹自身安全和共同安全，统筹维护国家安全和塑造国家安全"，"把安全发展贯穿国家发展各领域全过程"。对这些领域和方面的统筹是总体国家安全观的应有之义，内含深刻的系统思维，是在全面把握国家安全概念基础上，运用科学统筹的思想方法构建大安全格局的生动呈现。同时，维护国家安全离不开全社会上下齐动，《决议》又指出要"加强国家安全宣传教育和全民国防教育，巩固国家安全人民防线"，人民的力量是无穷的，发动和依靠人民群众，汇聚构建大安全格局的强大合力。

三是在新征程上发扬斗争精神全力维护国家安全。在前进的道路上，必然会遇到各种艰难险阻甚至惊涛骇浪。面对这些风险考验，我们可以抱持三种态度：一是仅看到困难和挑战而畏首畏尾；二是只看到机遇和优势而妄自尊大；三是既看到挑战又看到机遇，主动迎接挑战，敢于斗争，善于斗争。显然，前两种态度都失之偏激片面，我们党理性地选择了第三种态度，正如《决议》指出"必须发扬不信邪、不怕鬼的精神，同企图颠覆中国共产党领导和我国社会主义制度、企图迟滞甚至阻断中华民族伟大复兴进程的一切势力斗争到底，一味退让只能换来得寸进尺的霸凌，委曲求全只能招致更为屈辱的境况"。斗争也是一门艺术，既要发扬斗争精神更要提高斗争本领，要善于斗争。为此，我们党着力推进国家安全体系和能力建设，通过设立中央国家安全委员会，完善集中统一、高效权威的国家安全领导体制，完善国家安全法治体系、战略体系和政策体系，建立国家安全工作协调机制和应急管理机制等一系列重大举措，不断增强斗争实力，为党和国家兴旺发达、长治久安提供坚强保证。

第三节　中华文明"五个突出特性"蕴含丰富的安全智慧

2023年6月2日，习近平总书记在文化传承发展座谈会上的重要讲话指出，中华文明具有突出的连续性、创新性、统一性、包容性、和平性。"五个突出特性"的重要论述，是对中华文明特质的深刻洞察和高度概括，思想深邃、内涵丰富、意蕴深远，贯通历史、现实和未来，清晰揭示出中华文明发展演进的内生逻辑。这一重要论述也蕴含着极为丰富的安全智慧，对新时代新征程坚定历史自信、文化自信，充分汲取中华优秀传统文化之精髓古为今用、推陈出新，以总体国家安全观为指导推进国家安全体系和能力现代化，具有重大战略意义和现实指导意义。

一、"突出的连续性"与走中国特色国家安全道路相通

在中华文明"五个突出特性"中，"连续性"居于首位，这是理解中华文明基本特质中最鲜明、最直观的一个特质。习近平总书记指出："中华文明具有突出的连续性，从根本上决定了中华民族必然走自己的路。如果不从源远流长的历史连续性来认识中国，就不可能理解古代中国，也不可能理解现代中国，更不可能理解未来中国。"只有深刻认识中华文明的"连续性"，才能更好地理解古代、现代、未来的中国，而"理解中国"则是为推动中华优秀传统文化创造性转化、创新性发展，在中华文明的深厚基础上"走自己的路"，以中国式现代化全面推进中华民族伟大复兴。

第四章 新时代国家安全治理话语体系的"历史论"

纵观人类发展史，无数文明湮灭于浩瀚的历史长河，中华文明在长期演进过程中绵延不断、经久不衰，形成了中国人看待世界、社会、人生的独特价值体系、文化内涵和精神品质。认识中华文明的"连续性"，不应仅局限于时间延续层面，更应从其植根于中华大地，有着独特文化基因和自身发展历程的角度去理解。从夏商周到春秋战国，至秦汉三国两晋南北朝，再到唐宋元明清，中华民族以勤劳和智慧创造了光辉灿烂的古代文明，为人类文明作出了重大贡献。近代以降，随着列强入侵和国门被打开，中国逐步沦为半殖民地半封建社会，国家蒙辱、人民蒙难、文明蒙尘，中华民族遭受前所未有的劫难。为实现民族复兴，无数仁人志士顽强斗争，艰辛探索，但均以失败告终，终究未能改变旧中国社会性质和中国人民的悲惨命运。1917年十月革命一声炮响，给中国送来了马克思列宁主义，1921年中国共产党应运而生。之后，在党的坚强领导下，马克思主义同中国具体实际相结合，不断推进马克思主义中国化时代化，才使我们历经千辛万苦找到了中国特色社会主义道路。

道路决定命运。正是因我们党诞生于国家内忧外患、民族危难之时，所以才对国家安全的重要性有着刻骨铭心的认识。进入新时代，世界百年未有之大变局加速演进，中华民族伟大复兴进入关键时期，国家安全问题的复杂程度、艰巨程度明显加大，以习近平同志为核心的党中央立足新的历史方位，从新时代坚持和发展中国特色社会主义战略全局高度，把马克思主义国家安全理论同当代中国安全实践、中华优秀传统文化有机结合起来，创造性提出总体国家安全观，强调准确把握国家安全形势变化新特点新趋势，坚持总体国家安全观，走出一条中国特色国家安全道路。习近平总书记指出，"中国特色社会主义是实现中华民族伟大复兴的唯一正确道路"，也是一条"符合中国国情、顺应时代潮流、得到人民群众拥护支持的正确道路"。中国特色国家安全道路在本质上可谓中国特色社会主义道路的"国家安全版"，正是中华文明的"连续性"从根本上决定了在国家安全领域同样必须坚持"走自己的路",毫无疑问,中国特色国家安全道路是新时代国家安全唯一正确的道路选择。

二、"突出的创新性"与开创国家安全工作新局面相合

创新是国家发展的不竭动力,也是中华民族最深沉的民族禀赋。习近平总书记指出:"中华文明具有突出的创新性,从根本上决定了中华民族守正不守旧、尊古不复古的进取精神,决定了中华民族不惧新挑战、勇于接受新事物的无畏品格。"中华民族是极富创新精神的民族,中华文明的"创新性"正源于中华民族的创新精神。追溯历史,先秦时期,《诗经·大雅·文王》中就有"周虽旧邦,其命维新"一说①;儒家典籍《礼记·大学》云"苟日新,日日新,又日新"②,从动态角度强调持续革新;《周易·杂卦》曰"革,去故也;鼎,取新也"③,这是今天"革故鼎新"一词之滥觞。此后,"天下之治,有因有革,期于趣时适治而已";"凡人之情,穷则思变";"尚变者天道也";"变者,古今之公理也"等古语无不蕴含着先人思变创新的智慧。④创新不仅意味着科学技术的进步,更是涵盖了国家制度、社会治理、文化观念、思维方式等诸多方面。从古代的"维新""鼎新"到新时代党和国家事业取得历史性成就、发生历史性变革,可以说中华文明的"创新性"、中华民族的创新精神代代相传,不断发扬光大,深刻影响着新时代新征程国家的发展与社会的进步。

---

① 王秀梅译注:《诗经·大雅·文王》,北京:中华书局,2012年,第643页。
② 杨天宇译注:《礼记译注·大学》,上海:上海古籍出版社,2010年,第803页。
③ 周振甫译注:《周易译注·杂卦》,北京:中华书局,2013年,第319页。
④ [元]脱脱等:《宋史》卷334《熊本传》,北京:中华书局,1977年,第10731页;[宋]司马光编著,[元]胡三省音注:《资治通鉴》卷234,贞元十年四月庚午条,北京:中华书局,1956年,第7554页;王水照主编:《王安石全集·临川先生文集》(第6册)卷63《论议·河图洛书义》,上海:复旦大学出版社,2017年,第1157页;梁启超:《饮冰室合集·文集·变法通议·自序》(第1册),北京:中华书局,1989年,第1页。

中华文明"创新性"强调的开拓创新精神在今天国家安全领域也得到充分展现。在党中央集中统一领导和总体国家安全观科学指引下，新时代国家安全工作取得历史性成就，国家安全工作得到全面加强，实现从分散到集中、从迟缓到高效、从被动到主动的历史性变革，牢牢掌握维护国家安全的全局性主动，开创了国家安全工作新局面。为此，党的十九届六中全会审议通过《决议》系统总结新时代国家安全工作，党的二十大报告回顾新时代十年国家安全工作的伟大变革，把"国家安全更为巩固"纳入未来5年近期发展目标、"国家安全体系和能力全面加强"纳入2035年远景目标。

总的来看，新时代国家安全工作的开拓创新至少体现在三方面，它们从不同角度汲取了中华优秀传统文化强调"求新求变"的智慧。一是对国家安全认识之深化。进入新时代，我国国家安全内涵外延更加丰富，时空领域更加宽广，内外因素更加复杂，对国家安全的认识随之由"小安全"迈向"大安全"，创造性提出总体国家安全观，坚持以系统思维构建大安全格局，以新安全格局保障新发展格局。二是国家安全领导体制之变革。坚持党对国家安全工作的绝对领导，实施更有力的统领和协调，设立中央国家安全委员会，完善集中统一、高效权威的国家安全领导体制，把维护国家安全贯穿党和国家工作各方面全过程。三是国家安全体系之健全完善。进入新时代，国家安全法治、战略、政策体系不断完善，共建共治共享的社会治理制度进一步健全，在此基础上，党的二十大报告要求从健全国家安全体系、增强维护国家安全能力、提高公共安全治理水平、完善社会治理体系等方面重点发力，推进国家安全体系和能力现代化。

三、"突出的统一性"与铸牢中华民族共同体意识相连

中国自古以来就是统一的多民族国家，这既是长期历史发展形成的，

也是各族人民共同缔造的。对于中华文明"统一性"的重大意义，习近平总书记指出："中华文明具有突出的统一性，从根本上决定了中华民族各民族文化融为一体、即使遭遇重大挫折也牢固凝聚，决定了国土不可分、国家不可乱、民族不可散、文明不可断的共同信念，决定了国家统一永远是中国核心利益的核心，决定了一个坚强统一的国家是各族人民的命运所系。"可见，一部中国史就是一部各民族交融汇聚成多元一体中华民族的历史，是各民族共同缔造、发展、巩固统一的伟大祖国的历史。"多元"表征着各民族在形成、发展、文化等方面的多样性，"多元"聚为"一体"，"一体"容纳"多元"，又深刻反映出中华文明的"统一性"，构成历史悠久的中华文明起源和发展的独特模式。

早在先秦，我国逐渐形成华夏、"中国"与周边"戎夷"共天下的"五方之民"交融格局。公元前221年，秦灭六国完成统一，"书同文，车同轨，量同衡，行同伦"，拉开了我国统一的多民族国家发展的序幕。此后，"大一统"思想深入人心，中华民族凝聚力和向心力日渐增长，无论哪个民族入主中原，皆以统一天下为己任、以中华文化正统自居。尽管"治乱离合"乃历史发展呈现的"周期律"，但正是在这个过程中，统一多民族国家才得以不断巩固和发展。回望历史，统一始终是一股不可抗拒的历史潮流，分裂只是支流，亦相对短暂。从空间看，统一范围不断扩大，由中原地区向边疆不断拓展；从时间看，统一时间超过分裂时间，即便在分裂时期局部统一仍存在，统一因素也仍在起作用；从程度看，统一的稳定性和可能性越来越大。在统一多民族国家发展进程中，各民族之所以团结融合，"多元"之所以聚为"一体"，源自中华民族追求团结统一的内生动力，以及各民族文化上兼收并蓄、经济上相互依存、情感上相互亲近。

历史深刻昭示，国家统一意味着我们有完整的国家和民族，而只有统一且强大的国家才能保障各族人民生命安全、财产安全，真正维护国家安全和社会稳定，反之，国家分裂、民族纷争势必带来社会动荡不安、经济发展迟滞、人民生活贫困等严重问题。中华民族共同体意识是国家统一之基、民族团结之本、精神力量之魂。维护祖国统一、加强民族团结，必须铸牢中华民族共同体意识，并将其置于国家富强、民族复兴的战略全局来把握，一切为了人民、一切依靠人民，充分调动各方面积极性、主动性、创造性，动员全党全国各族人民，汇聚起维护国家安全的强大合力。新时代新征程，各族人民要高举团结旗帜，更加紧密地团结在以习近平同志为核心的党中央周围，增强铸牢中华民族共同体意识的自觉性，加强各民族交往交流交融，促进各民族像石榴籽一样紧紧抱在一起，共同构筑维护国家统一和民族团结的思想长城，坚决抵御各种极端、分裂思想的渗透颠覆，共同维护祖国统一、国家安全和社会稳定，坚决捍卫国家主权、安全、发展利益。

四、"突出的包容性"与总体国家安全观丰富发展相继

中华文明自古以海纳百川、和而不同的开放包容精神闻名于世，这也是中华文明历经沧桑与磨难，依然绵延不绝、历久弥新的一个重要原因。文明因多样而交流，因交流而互鉴，因互鉴而发展。习近平总书记指出："中华文明具有突出的包容性，从根本上决定了中华民族交往交流交融的历史取向，决定了中国各宗教信仰多元并存的和谐格局，决定了中华文化对世界文明兼收并蓄的开放胸怀。"中华文化源远流长、中华文明博大精深正得益于其突出的包容性，也正是"包容性"才可以冲破文明交往的壁垒，真正以兼收并蓄的开放胸怀汲取各国文明养分，在保持自己民族特色的同时包容、借鉴、吸收不同文明之精华，使中华文明在与其他文明的交流互鉴中不断焕发新的生命力。

历史充分证明，只要坚持平等、互鉴、对话、包容的文明观，坚持兼收并蓄、开放包容，人类文明就会不断发展繁荣。对此，习近平总书记深

刻指出:"自古以来,中华文明在继承创新中不断发展,在应时处变中不断升华,积淀着中华民族最深沉的精神追求,是中华民族生生不息、发展壮大的丰厚滋养","从历史上的佛教东传、'伊儒会通',到近代以来的'西学东渐'、新文化运动、马克思主义和社会主义思想传入中国,再到改革开放以来全方位对外开放,中华文明始终在兼收并蓄中历久弥新"。实际上,在建设中国特色社会主义进程中,把马克思主义基本原理同中国具体实际相结合、同中华优秀传统文化相结合,"两个结合"本身就深切体现了赓续历史文脉、谱写当代华章的"包容性",在国家安全理论创新发展上亦然,更是直接体现于总体国家安全观的不断丰富发展之中。

2014年4月15日,习近平在中央国家安全委员会第一次会议上创造性提出总体国家安全观,这是我们党历史上第一个被确立为国家安全工作指导思想的重大战略思想,是习近平新时代中国特色社会主义思想的重要组成部分,也是新时代国家安全工作的根本遵循和行动指南。总体国家安全观自提出以来,就是一个内容丰富、开放包容、不断发展的思想体系,中央国家安全委员会第一次会议提出"五大要素""五对关系",中央政治局第二十六次集体学习提出"十个坚持",党的十九大、十九届六中全会、二十大提出"五个统筹",这些共同构成总体国家安全观的核心内涵,清晰展现出总体国家安全观在新时代的不断丰富发展,可谓同中华文明"包容性"背后的演进逻辑一脉相通、高度契合。一方面,总体国家安全观是马克思主义国家安全理论中国化的最新成果,在我们党历史上第一次形成了系统完整的国家安全理论,标志着我们党对国家安全基本规律的认识达到了新高度;另一方面,总体国家安全观充分汲取了中华优秀传统战略文化强调忧患意识、倡导和平共处、主张讲信修睦、力求内外兼顾、重视刚柔并济、推崇张弛有度等一系列精髓要义。毫无疑问,总体国家安全观在形成和不断丰富发展过程中的"两个结合",同样也是"包容性"的集中呈现。

五、"突出的和平性"与推动构建人类命运共同体相融

中华民族是爱好和平的民族,崇尚和平是中华民族的精神品格,数千年来"和平性"一直在中华文明发展中居于中心地位。习近平总书记指出:"中华文明具有突出的和平性,从根本上决定了中国始终是世界和平的建设者、全球发展的贡献者、国际秩序的维护者,决定了中国不断追求文明交流互鉴而不搞文化霸权,决定了中国不会把自己的价值观念与政治体制强加于人,决定了中国坚持合作、不搞对抗,决不搞'党同伐异'的小圈子。"翻检古籍,有关"和"的记载不胜枚举,如《尚书·尧典》载"百姓昭明,协和万邦"①,《礼记·礼运》有"天下为公""大同"②,《论语·子路》曰"君子和而不同,小人同而不和",《论语·颜渊》又曰"四海之内皆兄弟也"等。③这些足以说明中国文化是崇尚和平的文化,和平嵌入了中华民族的精神世界,融入了中华民族的血脉,刻进了中国人民的基因。受"和平主义"历史传统之深刻影响,中华文明本质上是"和"的文明,和平、和睦、和谐是中华民族5000多年来孜孜追求和传承的理念,正如习近平总书记指出的"中华民族的血液中没有侵略他人、称王称霸的基因","中国人民从来没有欺负、压迫、奴役过其他国家人民,过去没有,现在没有,将来也不会有"。

从"天下一家"到"推动构建人类命运共同体",从"天下大同"到"为世界谋大同",从"协和万邦"到"构建以合作共赢为核心的新型国际关系",历史上的中国曾是世界最强大的国家之一,却从未将自己的价值观念强加于人,也没有任何殖民和侵略的记录,这同西方的殖民扩张、霸权

---

① [宋]林之奇:《尚书全解》,北京:人民出版社,2019年,第4页。
② 杨天宇译注:《礼记译注·礼运》,上海:上海古籍出版社,2010年,第265页。
③ 金良年:《论语译注·子路》,上海:上海古籍出版社,2012年,第141页;《论语译注·颜渊》,上海:上海古籍出版社,2012年,第122页。

主义形成了鲜明对比。今天的中国坚持走和平发展道路，正是对中华民族和平、和睦、和谐文化传统的继承与发扬。党的二十大报告把走和平发展道路作为中国式现代化的五大特征之一，强调"在坚定维护世界和平与发展中谋求自身发展，又以自身发展更好维护世界和平与发展"，又对"促进世界和平与发展，推动构建人类命运共同体"作出论述，指出在国际交往中，坚定奉行独立自主的和平外交政策，弘扬和平、发展、公平、正义、民主、自由的全人类共同价值，推动构建新型国际关系，提出建设持久和平、普遍安全、共同繁荣、开放包容、清洁美丽的世界，推动构建人类命运共同体。从中不难看到，维护世界和平、促进共同发展的新时代"亲仁善邻，国之宝也"，中国始终是世界和平的建设者、全球发展的贡献者、国际秩序的维护者。

聚焦新时代新征程国家安全，总体国家安全观的核心要义包括"以促进国际安全为依托"，强调统筹"自身安全和共同安全"，"安全问题是双向的、联动的"，"一国的安全不能建立在别国的动荡之上"。近年来，我们坚持推进国际共同安全，推动树立共同、综合、合作、可持续的全球安全观，在人类命运共同体理念下发展延伸出人类安全共同体理念，为全世界携手应对国际安全挑战贡献了"全球发展倡议""全球安全倡议""全球文明倡议"等中国智慧、中国方案。这些都从不同层面呈现出中华文明"尚和合、求大同"的精神境界和处世之道。

习近平总书记强调："只有全面深入了解中华文明的历史，才能更有效地推动中华优秀传统文化创造性转化、创新性发展，更有力地推进中国特色社会主义文化建设，建设中华民族现代文明。"在新时代新征程上，挖掘中华文明"五个突出特性"所蕴含的安全智慧，以史为镜，鉴古知今，才能更好地推进"第二个结合"，从中华优秀传统文化中充分汲取维护和塑造国家安全的智慧与力量，与时俱进丰富发展总体国家安全观，推动党的国家安全理论创新发展，推进国家安全体系和能力现代化。

第四节 "国之大者"的安全意蕴

习近平总书记在庆祝中国共产党成立 100 周年大会上的重要讲话指出，在新征程上我们必须牢记"国之大者"。实际上，这已不是习近平总书记第一次提及"国之大者"，他在不同场合多次对"国之大者"作出强调。顾名思义，"国"即中国，"大"代表中国的大事、要事，"国之大者"正是关乎党和国家前途命运，关乎全国各族人民根本利益，关乎中华民族伟大复兴的根本性、全局性、长远性的大事要事。在乡村振兴、生态环境保护、高等教育、经济社会发展、民族工作等不同语境下，"国之大者"的所指各有侧重，但毫无疑问安全因素均应包含在内，国家安全本身也系"国之大者"。作为一个内涵极为丰富的概念，"国之大者"融贯历史与现实，对于新时代国家安全具有重大政治意义、现实意义和深远历史意义。

一、"国之大者"为安全提供历史之鉴：从视"戎""兵"为"国之大事"到国家安全是"头等大事""重要基石"

历史是最好的教科书，也是最好的老师。中华民族绵延数千年的文明史，孕育了中华优秀传统文化，总是能给人以深刻的启迪和警示。回望历史，古人对"国之大者"形成了独特的认识，根植于中华民族的血脉深处，其中与国家安全最为攸关者，莫过于将安全与军政紧紧联系起来，把"戎""兵"等视为事关国家生死存亡的"国之大事"。

爬梳文献，历史上较早有关"国之大者"的记载出自《左传·成公十三年》："国之大事，在祀与戎。"[①]"祀"指祭祀，而"戎"则与军事、战争有关。据统计，从《汉书》至《清史稿》，正史中类似记载凡 16 次。例

---

① 李梦生译注：《左传译注》卷 13《成公十三年》，上海：上海古籍出版社，1998 年，第 578 页。

如,《旧唐书》载,唐代宗诏云"国之大事,戎马为先"①;《明史》载,明太祖诏曰"夫国之大事,在祀与戎"等。② 又如,《南史》载,南朝大臣臧焘上奏"国之大事,在祀与戎"③;《魏书》载,北魏路思令奏疏"臣闻国之大事,唯祀与戎"等。④ 此外,史料中把"兵"作为"国之大事"的表述亦不在少数,最典型者当属《孙子兵法》开明宗义:"兵者,国之大事,死生之地,存亡之道,不可不察也。"⑤另有,《汉书》载,西汉将领赵充国言"兵势,国之大事,当为后法"⑥;《宋史》载,北宋名将种师中云"兵势国之大事"⑦;《清史稿》载,乾隆十四年诏言"兵戎国之大事"等。⑧ 这些无疑都是历史智慧的彰显,说明将军政视作"国之大事"成为古代君臣上下的共识,集中展示出古人对军政之于国家安危重要性的理性认识。

每个时代的"国之大者",总是与特定社会历史条件紧密相连。近代以降,国家民族遭遇空前安全危机,无数有识之士在反对侵略、救亡图存、争取民族独立过程中,对"国之大者"有了更深的认识,除军事外更多安全因素进入了历史的大视野。中国首位驻外使节、晚清官员郭嵩焘感叹"仆常以谓天下之大患,在士大夫之无识"⑨。近代启蒙思想家严复指出:"为今日吾中国之大患者,其惟贫乎!""故居今而言救国,在首祛此贫。惟能疗贫,而后有强之可议也,而后于民力、民智、民德可徐及也。"⑩

---

① [后晋]刘昫等:《旧唐书》卷11《代宗本纪》,北京:中华书局,1975年,第268页。
② [清]张廷玉等:《明史》卷320《外国传一》,北京:中华书局,1974年,第8280页。
③ [唐]李延寿:《南史》卷18《臧焘传》,北京:中华书局,1975年,第509页。
④ [北齐]魏收:《魏书》卷72《路恃庆传》,北京:中华书局,1974年,第1619页。
⑤ 陈曦译注:《孙子兵法·计篇》,北京:中华书局,2011年,第2页。
⑥ [汉]班固:《汉书》卷69《赵充国传》,北京:中华书局,1962年,第2992页。
⑦ [元]脱脱等:《宋史》卷335《种师中传》,北京:中华书局,1977年,第10755页。
⑧ 赵尔巽等:《清史稿》卷85《礼志四》,北京:中华书局,1977年,第2558页。
⑨ 熊月之编:《中国近代思想家文库·郭嵩焘卷·复张竹汀》,北京:中国人民大学出版社,2014年,第310页。
⑩ 王栻主编:《严复集·读新译甄克思〈社会通诠〉》(第1册),北京:中华书局,1986年,第148—149页。

中日甲午战争后，面对民族危亡，梁启超直言："吾国之大患，由国家视其民为奴隶，积之既久，民之自视，亦如奴隶焉。……吾国之人视国事若于己无与焉，虽经国耻历国难，而漠然不以动其心者，非其性然也，势使然也。"① 这些"国之大患"构成近代中国的"国之大者"，其很多与今天安全领域中的政治安全、经济安全、文化安全等不无关联。

一个国家和民族只有站在历史的深厚基础上，才能更加坚定地走向未来。习近平总书记强调，中华民族积淀形成博大精深的思想文化，"反映了中华民族的精神追求，其中最核心的内容已经成为中华民族最基本的文化基因"。党的十八大以来，习近平总书记作出"国家安全是头等大事""国家安全是安邦定国的重要基石""人民安全是国家安全的基石"等一系列有关国家安全的重要论述，并提出总体国家安全观重大战略思想。这些新理念新思想新战略是对中华优秀传统文化的传承与发展，是习近平总书记从历史中汲取智慧，同时与时俱进、辨证取舍、推陈出新形成的重大成果。正是由于古往今来"安全"之于国家生存发展始终不变的重要性，在迈向第二个百年奋斗目标的新征程上，对于国家安全这一"国之大者"，我们必须旗帜鲜明讲政治，在思想上政治上行动上高度重视，坚持以总体国家安全观为指导，把准把牢新时代国家安全工作的大方向、大利益、大使命，自觉从国家安全角度关注党中央在关心什么、强调什么，深刻领会什么是党和国家最重要的利益、什么是最需要坚定维护的立场。

二、"国之大者"为安全提出现实之策：增强忧患意识，做到居安思危

"备豫不虞，为国常道"；"明者防祸于未萌，智者图患于将来"；"聪者

---

① 梁启超：《戊戌政变记：外一种》，上海：上海古籍出版社，2014 年，第 107 页。

听于无声,明者见于未形";"安而不忘危,存而不忘亡,治而不忘乱"……这些都是习近平总书记经常引用的经典名句。这些古语背后蕴含着深刻的忧患意识,反映出中华民族的精神品格、精神气质和生存智慧。我们党诞生于内忧外患、民族危亡的紧要关头,同样始终保持着强烈的忧患意识。2014年4月15日,习近平总书记在中央国家安全委员会第一次会议上指出:"增强忧患意识,做到居安思危,是我们治党治国必须始终坚持的一个重大原则。"党的十九大报告再次强调了这一重大原则。治国理政重大原则必然要贯穿于国家治理的各领域和全过程,其作为"国之大者"彰显了新形势下应对安全威胁挑战的底线思维,构成当前国家安全治理的一个重要逻辑基点。

一方面,要提高政治站位,"虑患""知危",对国家安全形势的新变化心中有数、了然于胸。党的十八大以来,以习近平同志为核心的党中央审时度势、谋篇布局,把国家安全放到"两个大局"中统筹谋划,提出"三大趋势""三个前所未有""三个重大危险"等一系列战略判断。党的十九大报告也指出,进入新时代,我国社会主要矛盾已转化为人民日益增长的美好生活需要和不平衡不充分的发展之间的矛盾。这种矛盾同社会安全、资源安全、生态安全等领域息息相关,对国家安全提出了新的时代课题。总的来看,当今世界正经历深刻而复杂的变化,国际体系和国际格局深刻调整,我国处于由大向强发展的新起点,传统安全和非传统安全威胁交织叠加,影响国家安全的风险挑战因素增多,安全形势不确定性、不稳定性增大。

这些安全形势新变化无疑皆属"国之大者",其建构于强烈的忧患意识、危机意识之上,是对"增强忧患意识,做到居安思危"治国理政重大原则的运用。正如习近平总书记强调的,当前国际形势波谲云诡,我国进入矛盾风险易发期,"各种可以预见和难以预见的安全风险挑战前所未有,必须始终增强忧患意识,做到居安思危"。面对国家安全形势新变化,我们可以抱持三种态度:一种是仅仅看到困难和挑战而悲观失意、裹足不前;二是只看到机遇和优势而盲目乐观、心浮气躁;三是既看到挑战也看到机遇，勇敢迎接挑战，克服困难，从而变压力为动力，化危为机。显然，前两种态度都失之于片面与偏激，只有第三种态度才是科学和务实的。为此，唯有准确把握国家安全形势变化新特点新趋势，心怀"国之大者"，不断提高政治能力，才能真正在"有数"的基础上，不折不扣抓好党中央决策部署和政策措施落实。

另一方面，要强化责任担当，敢于斗争，善于斗争，坚决维护国家主权、安全、发展利益。习近平总书记强调，各地区各部门各方面对"国之大者"要强化责任担当，要落到行动上，不能只停留在口号上。2015年颁布的新《国家安全法》规定，我国公民、一切国家机关和武装力量、各政党和人民团体、企业事业组织和其他社会组织，都有维护国家安全的责任和义务。2017年修改的党章也新增坚持总体国家安全观，坚决维护国家主权、安全、发展利益等内容。这些清楚说明维护国家安全是全党全国各族人民的共同责任，各主体都必须明确自己的责任定位。同时，在国家安全治理中还要运用好系统思维方法，这样才能把地区和部门工作融入党和国家事业的安全"大棋局"，从而既为一域争光，更为全局添彩，合力推动构建大安全格局。

习近平总书记指出，"越是接近民族复兴越不会一帆风顺，越充满风险挑战乃至惊涛骇浪"；"任何国家都不要指望我们会吞下损害中国主权、安全、发展利益的苦果"。新时代天下并不太平，我们面临的安全风险挑战表现在经济社会发展各方面而且越来越复杂，可能会持续一个较长的时期。因此，在复杂严峻的安全形势面前，必须发扬斗争精神，敢于斗争，敢于胜利，做好打持久战的充分准备。同时，在安全斗争中也存在如何处理局部与全局、当前与长远、重点与非重点关系的问题，此时要讲求斗争艺术、善于斗争，多打大算盘、算大账，少打小算盘、算小账。根据国家安全形势变化，合理选择斗争方式，拿捏斗争火候，把握好斗争的时、度、效，做到有理有利有节，实现斗争效果最大化。

第五节 "第二个结合"对国家安全理论创新发展具有重大意义

2023 年 6 月 2 日，在文化传承发展座谈会上，习近平总书记对"第二个结合"作出全面深入阐述，强调"'第二个结合'，是我们党对马克思主义中国化时代化历史经验的深刻总结，是对中华文明发展规律的深刻把握，表明我们党对中国道路、理论、制度的认识达到了新高度，表明我们党的历史自信、文化自信达到了新高度，表明我们党在传承中华优秀传统文化中推进文化创新的自觉性达到了新高度"。这一重要论述是又一次思想解放的结果，思想深邃、内涵丰富、视界宏大，为推进马克思主义中国化时代化作出了原创性贡献，对新时代国家安全理论创新发展具有重大指导意义和现实意义。

一、大历史观："第二个结合"为国家安全理论创新发展提供理论视野

历史是最好的教科书，也是最好的清醒剂。习近平总书记在文化传承发展座谈会上的重要讲话，鲜明提出并深刻阐释了中华文明的连续性、创新性、统一性、包容性、和平性"五个突出特性"，这是着眼于历史经纬和纵横比较对中华文明特性的精准概括，彰显出深邃的历史眼光、宽广的国际视野，树立起运用"大历史观"把握历史发展规律和大势的典范。遵循"从历史长河、时代大潮、全球风云中分析演变机理、探究历史规律"的大历史观，以历史映照现实、远观未来，构成"第二个结合"的题中应有之义。大历史观不仅是认知历史发展的世界观，更是一种探究指向现实发展的科学方法论，为推动国家安全理论创新发展提供了大视野、大格局、大境界。

第一，整体视野与系统思维。大历史观首先是一种总体史观，其基于

整体性的思维范式，强调把考察对象放到历史纵深和广阔空间背景下来审视，以洞悉历史规律，增强历史自觉，把握历史主动。大历史观之"大"正在于其整体性、系统性，"大"意味着不拘泥于具体的人物事件，而超越时空局限去把握历史的整体结构与演进趋势，正如习近平总书记所指出的，"只有在整个人类发展的历史长河中，才能透视出历史运动的本质和时代发展的方向"。大历史观呈现的整体视野，同作为总体国家安全观核心关键的"总体"二字一脉相承，与"大安全"理念之"大"亦高度契合，都强调时空关联下系统性、整体性、协同性的思想，为坚持系统思维，统筹发展和安全，统筹推进各领域安全，构建大安全格局提供了宝贵的资源。

第二，长远视野与战略思维。"时间"构成历史的基本要素，而大历史观强调跳出一定历史阶段，运用"长时段"理论研究历史、找准历史方位，把握好历史、现实和未来的内在关联。正是在时间意义上，基于长远视野的大历史观可谓长远史观。而作为一种"远见"思维，总体国家安全观所蕴含的战略思维强调从全局、长远、大势上把握事物的发展趋势和方向，这与大历史观强调历史长周期是高度一致的。党的十八大以来，以习近平同志为核心的党中央从中华民族伟大复兴战略全局和世界百年未有之大变局的高度，深刻认识国家安全面临的新形势新任务，正确把握重大国家安全问题，党的二十大报告将国家安全列为独立专章，立足当前、着眼长远作出战略部署，这些无不反映出两者的紧密连接。

第三，比较视野与创新思维。历史是过去的现实，现实是未来的历史。在古今意义上，大历史观强调在把握历史事实经验基础上，将历史之内在逻辑与现在作比较，把所发生的历史同未来作比较，进而前瞻预测历史走向。这一点诚如马克思在《十八世纪外交史内幕》中指出："要了解一个限定的历史时期，必须跳出它的局限，把它与其他历史时期相比较。"[①] 通过

---

① 马克思：《十八世纪外交史内幕》，中共中央马克思恩格斯列宁斯大林著作编译局编译，北京：人民出版社，1979年，第41页。

对古今中外的理性比较,才能更好贯通把握历史、现在与未来。这与总体国家安全观的创新思维逻辑极为类似,创新就必须突破思维定势,与时俱进、主动求变,而总体国家安全观正是超越"冷战"思维、霸权主义、"零和"安全观,吸收古今中外安全观中的合理因素,进行国家安全重大理论创新形成的新理念新思想新战略。

二、中华优秀传统战略文化:"第二个结合"为国家安全理论创新发展提供文化资源

习近平总书记指出:"如果没有中华五千年文明,哪里有什么中国特色?如果不是中国特色,哪有我们今天这么成功的中国特色社会主义道路?只有立足波澜壮阔的中华五千多年文明史,才能真正理解中国道路的历史必然、文化内涵与独特优势。"实际上,中华民族是一个在历史上历经重重磨难的民族,中华文明正是在中华民族和中国人民直面困难、战胜风险中绵延发展、从未中断。毫无疑问,中华优秀传统文化包含了意涵深刻、独具特色的国家安全战略思想,正是中华优秀传统战略文化蕴含的安全元素、安全智慧,为在更广阔的文化空间中创新发展国家安全理论提供了宝贵的文化资源。

第一,强调系统应对风险的传统战略文化为维护总体国家安全提供文化资源。中华优秀传统战略文化蕴含深刻的系统论思想,正是受传统思维强调把事物看作有机整体之影响,传统战略文化中系统应对安全风险的论见不胜枚举。例如,发轫于先秦的"大一统"思想,逐步发展形成九州共贯、多元一体的"大一统"传统,成为历朝统治者的战略追求和维护国家安全稳定的思想动力,极大影响着中华民族的民族认同和国家观念,为维护国家统一、民族团结和实现中华民族伟大复兴提供了宝贵资源。又如,经典文献中多有主张内外兼顾、文武并举、刚柔并济的论说,如《逸周书》

云"凡建国君民,内事文而和,外事武而义"①,《史记》载"有文事者必有武备,有武事者必有文备"②,《东周列国志》载"国不富,不可以用兵,兵不强,不可以摧敌"③等,从内与外、文与武、富国与强兵等不同角度,论证了整体要素间的辩证关系,实质上是维护国家安全稳定必须系统谋划、统筹兼顾的主张。

第二,强调风险预防的传统战略文化为防范化解重大风险提供文化资源。中华优秀传统战略文化非常强调风险管理,主张未雨绸缪、见微知著,防患于未然。古代典籍《易经》中有"安而不忘危,存而不忘亡,治而不忘乱,是以身安而国家可保也"之说④,这一论见强调安与危、存与亡、治与乱间的转化关系,而要防止其中的逆向转化,则需增强忧患意识,做到居安思危。《魏书》云"国之大计,豫备为先"⑤,北宋苏轼撰《晁错论》开篇即指出"天下之患,最不可为者,名为治平无事,而其实有不测之忧"⑥,其同样强调防备为先方能有备无患。在新时代重大风险防范化解话语体系中,"备豫不虞,为国常道","于安思危,于治忧乱","图之于未萌,虑之于未有"等古语常被引用,也都说明风险预防的重要性,可以看到传统战略文化中安全智慧对今天之影响。

第三,强调内敛的治国理政之道为走和平发展道路提供文化资源。中华优秀传统战略文化重视内部安全稳定而非对外扩张,在军事上则更强调防御而非进攻。最为典型的就是唐代贞观年间"偃革兴文,布德施惠,中

---

① [晋]皇甫谧,[清]宋翔凤、钱宝塘辑:《逸周书》卷10《武纪解》,沈阳:辽宁教育出版社,1997年,第79页。
② [汉]司马迁:《史记》卷47《孔子世家十七》,北京:中华书局,1959年,第1915页。
③ [明]冯梦龙,[清]蔡元放编:《东周列国志》,北京:人民文学出版社,1955年,第824页。
④ 周振甫译注:《易经译注·系辞下传》,北京:中华书局,2013年,第280页。
⑤ [北齐]魏收:《魏书》卷50《尉元传》,北京:中华书局,1974年,第1113页。
⑥ [宋]苏轼,[明]茅维编:《苏轼文集》卷4《晁错论》,北京:中华书局,1986年,第107页。

国既安，远人自服"的论说，唐太宗认为只要实现王朝内部安全稳定、国家安定强大，周边少数民族就会向往，自愿服从于中央王朝，受这种理念之影响，统治者在对外交往中采取"以德服人"的开明政策，军事上则往往采取"来则备御，去则勿追"的守土防御政策，中华民族的血液中没有侵略他人、称王称霸的基因。正是这种具有内敛性的治国理政之道，使中华文明展现出突出的包容性、和平性，传统战略文化中"为政以德""讲信修睦""亲仁善邻""和合共生"等论见为坚持走和平发展道路提供了丰富的养分。

三、创造性转化和创新性发展："第二个结合"为国家安全理论创新发展提供路径方法

习近平总书记强调，"两个结合"巩固了文化主体性，而这一主体性"是中国共产党带领中国人民在中国大地上建立起来的；是在创造性转化、创新性发展中华优秀传统文化，继承革命文化，发展社会主义先进文化的基础上，借鉴吸收人类一切优秀文明成果的基础上建立起来的；是通过把马克思主义基本原理同中国具体实际、同中华优秀传统文化相结合建立起来的"。大历史观、中华优秀传统战略文化分别为国家安全理论创新发展提供了宏阔视野和宝贵资源。进入新时代，树立大历史观，推动中华优秀传统战略文化创造性转化和创新性发展，则使马克思主义成为中国的、中华优秀传统战略文化成为现代的，通过"结合"为国家安全理论创新发展提供强大新动力。

一方面，要推动中华优秀传统战略文化创造性转化。创造性转化之关键在"转化"，侧重于"继往"，要按照时代的特点和要求，改造传统战略文化中有借鉴价值的内涵和陈旧的表现形式，赋予新的时代内涵和现代表达形式，激活其生命力。要深刻认识到转化是以继承为基础的，是继承中

的转化，但又绝不是照搬照抄，更不是守旧复古。为此，首先要加强对中华优秀传统战略文化中安全元素、安全智慧的系统深入挖掘，逐步形成国家安全理论创新发展的文化资源库，为创造性发展提供源头活水、奠定坚实基础，其次要在"转化"上下功夫，把中华优秀传统战略文化同马克思主义国家安全理论有机结合起来，不断增强历史自觉、坚定文化自信，充分继承和发挥安全元素、安全智慧的价值功能。

另一方面，要推动中华优秀传统战略文化创新性发展。创新性发展之精髓在"发展"，侧重于"开来"，要按照时代的新进步和新进展，与时俱进补充、拓展、完善中华优秀传统战略文化，不断增强其影响力和感召力。习近平总书记指出："不忘本来才能开辟未来，善于继承才能更好创新。"为此，首先要在"善于继承"上下功夫，坚持古为今用、洋为中用、辩证取舍，对传统战略文化有鉴别地对待、有扬弃地继承。此外还要"更好创新"，紧跟国家安全形势变化新特点新趋势，推陈出新、突破超越，增强对国家安全特点规律的认识和科学方法论的把握，以开放包容、不断发展的总体国家安全观为引领，推动实现中国式国家安全现代化。

当然，创造性转化和创新性发展并非是互不关联、相互割裂的，两者是一个辩证统一的有机整体。唯有在处理好继承和创造性发展关系的基础上，在继承中华优秀传统战略文化中创新国家安全理论，在创新发展国家安全理论中不断继承汲取中华优秀传统战略文化的养分，才能逐步构建中国特色国家安全理论体系，在新时代新征程切实维护、更好塑造国家安全。

第五章
新时代国家安全治理话语体系的"法治论"

法治是现代文明国家的基本特征，法治兴则民族兴，法治强则国家强。党的十八大以来，以习近平同志为核心的党中央从关系党和国家前途命运的战略全局出发，把全面依法治国纳入"四个全面"战略布局，法治中国建设迈出坚实步伐，开辟了全面依法治国新境界。国家安全也深嵌于这样的时代背景下，党的十九大、党的十九届五中全会《建议》、党的十九届六中全会《决议》、党的二十大报告均对国家安全法治建设提出要求，贯彻总体国家安全观必须坚持以习近平法治思想为指导，加强法治思维，构建系统完备、科学规范、运行有效的国家安全制度体系。近年来，国家安全领域立法取得显著进展，构建起了中国特色国家安全法治体系的"四梁八柱"。本章重点就习近平法治思想之于国家安全法治建设的重大意义，以及如何运用法治思维维护和塑造国家安全作出阐述。

第一节　习近平法治思想对新时代国家安全法治建设的意义

中央全面依法治国工作会议首次提出并系统阐述了习近平法治思想。习近平法治思想内涵丰富、论述深刻、逻辑严密、系统完备，具有重大的理论意义和现实意义。这些重大意义也体现在新时代国家安全法治建设中，并通过思想理论、建设实践、思维方法三个维度得以呈现。推进新时代国家安全体系和能力现代化，必须坚持习近平法治思想，在深刻把握其核心要义基础上，加强国家安全法治建设，走好中国特色国家安全法治道路。

一、习近平法治思想为国家安全法治建设提供了强大的思想武器

思想是行动的先导，而思想只有准确表达时代精神、时代特征，才能成为正确行动的先导。习近平法治思想正是从我国革命、建设、改革的实践出发，在新时代波澜壮阔的治国理政实践中应运而生，并在坚持和完善中国特色社会主义制度、推进国家治理体系和治理能力现代化进程中不断创新发展，日益成熟完备的。习近平法治思想的核心要义可以概括为"十一个坚持"①，这"十一个坚持"中虽然没有直接出现"安全"二字，却从更高境界、更宽领域、更深层次为国家安全法治建设把准了大势，指明了方向，提供了遵循。

例如，"十一个坚持"之首即"坚持党对全面依法治国的领导"，这是推进全面依法治国的根本保证，更是国家安全法治建设，乃至整个国家安全工作的根本保证。中共中央政治局第二十六次集体学习时，习近平总书记就贯彻总体国家安全观提出 10 点要求，摆在首位的也是"坚持党对国家安全工作的绝对领导"。由是这种共同坚持、一脉相承显而易见，而这条具有统领性、全局性、决定性地位的重大原则已经转化到国家安全法律中，如《反间谍法》第二条规定"反间谍工作坚持中央统一领导"，《国家安全法》第四条规定"坚持中国共产党对国家安全工作的领导"等。在法理意义上，法律原则是集中反映法内容、法本质的原理和准则，而重大政治原则向法律原则的转化，足见习近平法治思想对国家安全法治建设强大的影响力。

---

① "十一个坚持"分别是：坚持党对全面依法治国的领导；坚持以人民为中心；坚持中国特色社会主义法治道路；坚持依宪治国、依宪执政；坚持在法治轨道上推进国家治理体系和治理能力现代化；坚持建设中国特色社会主义法治体系；坚持依法治国、依法执政、依法行政共同推进，法治国家、法治政府、法治社会一体建设；坚持全面推进科学立法、严格执法、公正司法、全民守法；坚持统筹推进国内法治和涉外法治；坚持建设德才兼备的高素质法治工作队伍；坚持抓住领导干部这个"关键少数"。

又如,"坚持以人民为中心"亦是习近平法治思想的核心要义之一,其明确了全面依法治国的根本立场,是推进全面依法治国的力量源泉。针对国家安全,习近平总书记多次强调"以人民安全为宗旨""国家安全一切为了人民、一切依靠人民""人民安全是国家安全的基石"。这些已然成为新时代国家安全法治建设重要而常见的话语表达,如《国家安全法》第一条"保护人民的根本利益",《反恐怖主义法》第一条"维护国家安全、公共安全和人民生命财产安全",《网络安全法》第一条"保护公民、法人和其他组织的合法权益",《生物安全法》第一条"保障人民生命健康"等表述皆是如此。透过这些法律规定不难看出,习近平法治思想之于国家安全法治建设强大的引领力和推动力。

二、习近平法治思想为国家安全法治建设提供了科学的实践指南

伟大思想的生命力在于实践,国家安全法治建设实践离不开科学思想理论的指导。习近平总书记指出:"推进全面依法治国是国家治理的一场深刻变革,必须以科学理论为指导",这个科学理论就是习近平法治思想理论体系。习近平法治思想从历史和现实相贯通、国际和国内相关联、理论和实际相结合上深刻回答了新时代为什么实行全面依法治国、怎样实行全面依法治国等一系列重大问题,这既是对全面依法治国实践的指引,也为新时代国家安全法治建设实践锚定了目标任务。总的来看,习近平法治思想对国家安全法治建设实践的科学指导,集中体现在总体设计、建设内容、路径方式三大方面。

第一,总体设计的"一条道路"。方向决定道路,道路决定命运。习近平总书记强调:"全面推进依法治国,必须走对路。如果路走错了,南辕北辙了,那再提什么要求和举措也都没有意义了。"这条唯一正确的道路就是中

国特色社会主义法治道路，它本质上是中国特色社会主义道路在法治领域的具体体现，是一个管总的东西。具体到国家安全领域，这条道路实则中国特色国家安全道路。习近平法治思想核心要义之"坚持中国特色社会主义法治道路"，深刻回答了法治中国建设走什么路的问题。如果把这一核心要义逻辑展开，那么在国家安全法治建设实践中，坚持中国特色国家安全法治道路必须发挥管总作用。

第二，建设内容的"突出重点"。习近平法治思想的核心要义之一即"坚持建设中国特色社会主义法治体系"，这是推进全面依法治国的总抓手。就理想状态而论，国家安全法治最终应形成科学完备的法治体系。但在错综复杂的安全形势和日益多样的安全威胁面前，国家安全法治体系建设不可能一蹴而就，更不能不分主次，眉毛胡子一把抓，反之必须根据形势变化把握轻重缓急。习近平总书记指出："要积极推进国家安全、科技创新、公共卫生、生物安全、生态文明、防范风险、涉外法治等重要领域立法，健全国家治理急需的法律制度。"由是"突出重点"成为国家安全法治建设实践的一个显著特征，为此我们及时制定了《香港特别行政区维护国家安全法》，维护香港繁荣稳定，确保"一国两制"行稳致远；新冠肺炎疫情发生后，又推动出台《生物安全法》，把生物安全纳入国家安全法治体系。这些应势而动、重点突出的国家安全法治建设实践，有效保证了在法治轨道上维护和塑造国家安全。

第三，路径方式的"统筹协调"。涵摄于习近平法治思想"共同推进""一体建设""统筹推进"等表达中的是，国家安全法治建设实践对统筹协调方式的强调。这既有宏观贯彻，亦有微观体现。习近平总书记指出"协调推进国内治理和国际治理，更好维护国家主权、安全、发展利益"，其在宏观层面最典型的就是统筹发展和安全。这种统筹已转化为运用法治方式维护国家主权、尊严和核心利益的实践，如2021年1月9日商务部公布《阻断外国法律与措施不当域外适用办法》，即是反制外国滥用"长臂管辖"的法治实践，这无疑体现出习近平法治思想"坚持统筹推进国内法治和涉外法治"这一核心要义。微观层面的统筹协调在具体领域国家安全制度机制中得以彰显，如《反恐怖主义法》第七条规定"国家设立反恐怖主义工作领导机构，统一领导和指挥全国反恐怖主义工作"，《核安全法》第六条规定"国家建立核安全工作协调机制，统筹协调有关部门推进相关工作"。正是在这些具体机构、机制作用下，国家安全法治得以高效运行。

三、习近平法治思想为国家安全法治建设提供了深刻的思维方法

科学的思维方法对于人们认识世界改造世界具有重要指导作用。习近平总书记治国理政思想和实践的一个鲜明特点，就是强调用科学思维方法观察、分析和思考问题。"十一个坚持"内蕴着丰富的思维方法，集中展现了习近平法治思想的思维品格和思想高度，对推进新时代国家安全法治建设具有深刻的方法论意义。

首先是战略思维。战略思维是高瞻远瞩、统揽全局，善于把握事物发展总体趋势和方向的思维方法。针对全面依法治国，习近平总书记在不同场合有"重大战略任务""全局性问题""着眼于长远的战略谋划"等重要表述，"十一个坚持"也是站在全局和战略高度，对当前和今后一个时期推进全面依法治国提出了十一个方面的重点工作。正是战略思维的运用，使全面依法治国呈现出鲜明的目的性、全局性、长远性，其对国家安全法治建设的启示在于，既要从国家安全这个全局和战略高度，思考谋划国家安全法治建设，又要立足"四个全面"战略布局，[①] 把握全局、抓住重点、着

---

① "四个全面"战略布局是以习近平同志为核心的党中央在总结党的十八大以来治国理政经验基础上，对党和国家事业发展作出的整体谋划，是党中央治国理政的总方略，包括全面建成小康社会、全面深化改革、全面依法治国和全面从严治党。

眼长远，统筹推进国家安全法治建设。在这方面，2015年1月中央政治局审议通过我国首部《国家安全战略纲要》，要求"把法治贯穿于维护国家安全的全过程"，便是战略思维运用于国家安全法治建设的实践范本。

其次是辩证思维。推进全面依法治国会出现一些重要的关系范畴，如政治和法治、改革和法治、依法治国和以德治国、依法治国和依规治党的关系等。正确处理这些关系的一个重要思维方法即辩证思维，习近平法治思想无不浸润着深刻的辩证思维。习近平总书记指出："要学习掌握唯物辩证法的根本方法，不断增强辩证思维能力，提高驾驭复杂局面、处理复杂问题的本领。"在国家安全法治建设中，面对国家安全形势变化新特点新趋势，面对法治建设出现的新情况新问题，依然存在如何正确处理局部和全局、当前和长远、重点和非重点的关系问题，此时必须坚持辩证思维，要用辩证法、要讲两点论，要找平衡点，在权衡利弊中趋利避害，作出最有利的战略抉择。

再次是系统思维。系统思维要求通过对系统、要素、环境及其关系的把握，处理好整体与部分、结构与功能的关系。习近平总书记强调："全面依法治国是一个系统工程，要整体谋划，更加注重系统性、整体性、协同性。""十一个坚持"本身也从领导力量、根本立场、工作布局、动力机制、路径选择等方面深刻揭示了全面依法治国的内在逻辑，形成一个系统完整的思想理论体系。这些都清晰反映出系统思维方法的深度运用。在国家安全领域，随着国家安全内涵外延的不断丰富和拓展，各类安全因素相互交织、相互影响，牵一发而动全身。因此必须贯彻总体国家安全观，着眼于构建大安全格局，坚持以系统思维推进国家安全法治建设，把握好建设的系统性、整体性、协同性。

最后是理论思维。以上三种思维方法的成果需要从理论上升华，从而形成对事物本质规律的认识，这就是理论思维的过程。恩格斯精辟指出："一个民族想要站在科学的最高峰，就一刻也不能没有理论思维。"习近平总书记也强调:"加强理论思维,不断从理论和实践的结合上取得新成果,总结好、运用好党关于新时代加强法治建设的思想理论成果,更好指导全面依法治国各项工作。"只有加快构建中国特色社会主义法治理论,才能为推进全面依法治国提供有力的理论指导和学理支撑。对国家安全而言,同样要注重理论思维方法的运用,在普遍性中把握特殊性,不断进行总结提炼,形成涵盖立法、执法、司法、守法等方面的中国特色国家安全法治思想理论成果,更好指导新时代国家安全法治建设。

第二节 习近平法治思想与总体国家安全观的契合点

习近平法治思想和总体国家安全观都是习近平新时代中国特色社会主义思想的重要组成部分,两者分别构成新时代全面依法治国、新时代国家安全工作的根本遵循和行动指南,为发展马克思主义作出了原创性贡献。党的二十大报告强调,要"坚持全面依法治国,推进法治中国建设","必须坚定不移贯彻总体国家安全观,把维护国家安全贯穿党和国家工作各方面全过程"。作为新时代的新理念新思想,习近平法治思想和总体国家安全观不是相互割裂、互不相关的,而是紧密联系、彼此相通的。只有深刻把握习近平法治思想和总体国家安全观的契合点,才能在法治轨道上推进国家治理体系和治理能力现代化,为中国式现代化提供有力保障。

一、党的领导:全面依法治国和国家安全的根本保证

习近平总书记指出:"办好中国的事情,关键在党";"党政军民学,东西南北中,党是领导一切的"。党的领导地位不是自封的,而是历史和人

民的选择，既由党的性质所决定，也是宪法明文规定的。全面依法治国是一项系统工程、一场深刻革命，国家安全是安邦定国的重要基石、民族复兴的根基，对于这些"国之大者"必须毫不动摇坚持和加强党的全面领导，充分发挥党总揽全局、协调各方的领导核心作用。从历史纵向看，我国之所以能保持长期稳定，解决了许多长期想解决而没有解决的难题，办成了许多过去想办而没有办成的大事，推动新时代党和国家事业取得历史性成就、发生历史性变革，最根本的一条历史经验就是坚持党的领导。

党是最高政治领导力量，党的领导是中国特色社会主义最本质的特征，亦是中国特色社会主义制度的最大优势。在习近平法治思想核心要义"十一个坚持"中，放在首位的即坚持党对全面依法治国的领导，这是推进全面依法治国的根本保证。这些重要论述有很强的政治性、思想性，也有很强的现实性、实践性。习近平强调："党的领导是中国特色社会主义法治之魂，是我们的法治同西方资本主义国家的法治最大的区别。"其中"魂""最大的区别"的论述清楚表明在全面依法治国进程中，坚持党的领导的政治性、思想性。习近平总书记强调："坚持党的领导，不是一句空的口号，必须具体体现在党领导立法、保证执法、支持司法、带头守法上。"这又展示出坚持党的领导在全面依法治国中的现实性、实践性。正因如此，党的十八届四中全会审议通过的《中共中央关于全面推进依法治国若干重大问题的决定》指出，"坚持中国共产党的领导"是实现全面依法治国总目标必须坚持的五大原则之一，并"把党的领导贯彻到依法治国全过程和各方面"作为社会主义法治建设的一条基本经验。

在坚持党对一切工作的领导原则下，党的领导对于维护国家安全的重要性与推进全面依法治国是高度一致的。总体国家安全观核心要义"十个坚持"把坚持党对国家安全工作的绝对领导放在首位，这里"绝对"二字深刻体现在维护国家安全方面坚持党的领导的极端重要性，必须把党的领导贯穿于国家安全工作各方面全过程，推动各级党委（党组）把国家安全责任制落到实处。党的十九大将坚持总体国家安全观纳入新时代坚持和发展中国特色社会主义基本方略，党的二十大报告强调"必须坚定不移贯彻总体国家安全观，把维护国家安全贯穿党和国家工作各方面全过程"，这实际上对坚持党的领导提出了新的更高要求，说明坚持党对国家安全工作的绝对领导具有全面性、系统性和整体性，其构成维护国家安全的根本保证。只有坚持党的绝对领导，充分发挥党的领导优势，才能不断开创新时代国家安全现代化新局面。

二、中国道路：全面依法治国和国家安全的道路选择

方向决定道路，道路决定命运。历史和实践证明，只有社会主义才能救中国，只有中国特色社会主义才能发展中国，只有坚持和发展中国特色社会主义才能实现中华民族伟大复兴。中国特色社会主义道路来之不易，是党和人民历经千辛万苦、付出巨大代价取得的伟大成就，也是被实践证明了的符合中国国情、适合时代发展要求的唯一正确道路。中国特色社会主义法治道路、中国特色国家安全道路都是中国特色社会主义道路的重要组成部分，两者分别是中国特色社会主义道路在法治和国家安全领域的具体体现。

习近平总书记指出："'鞋子合不合脚，自己穿了才知道。'一个国家的发展道路合不合适，只有这个国家的人民才最有发言权。"中国特色社会主义法治道路和中国特色国家安全道路的一个重要特征即体现在"中国特色"四字上，两者都是管总的东西，这也是"鞋子论"深刻寓意之所在。对于中国特色社会主义法治道路，其核心要义包括坚持党的领导、坚持中国特色社会主义制度、贯彻中国特色社会主义法治理论等三个方面，至于中国特色社会主义法治道路的重要地位，正如习近平总书记强调的，"我国法治建设的成就，大大小小可以列举出十几条、几十条，但归结起来就是开辟

了中国特色社会主义法治道路这一条"。对于中国特色国家安全道路，在时代话语体系中总是与总体国家安全观连在一起，例如，2014年习近平总书记主持召开中央国家安全委员会第一次会议强调"坚持总体国家安全观，走出一条中国特色国家安全道路"；2015年中央政治局召开会议审议通过的《国家安全战略纲要》指出"必须坚持以总体国家安全观为指导，……走中国特色国家安全道路"；2020年习近平总书记在中央政治局第二十六次集体学习时强调"坚持中国特色国家安全道路，贯彻总体国家安全观"等皆如此。总体国家安全观是新时代国家安全工作的根本指针，中国特色国家安全道路在表达上与之相连接，充分说明了国家安全道路选择的方向性、理论性和实践性，反映出中国特色国家安全道路同中国特色社会主义法治道路在方向把握、理论逻辑、实践路径等方面的相互契合。

正是在总的方面的契合，使中国特色社会主义法治道路和中国特色国家安全道路在一些具体方面存在交叉重合，譬如，中国特色社会主义法治道路强调坚持党的领导，中国特色国家安全道路亦如此，并要求坚持政治安全、人民安全、国家利益至上有机统一；中国特色社会主义法治道路强调挖掘和传承中华法律文化精华，而中国特色国家安全道路则强调汲取中华优秀传统文化精髓等。当然，在哲理意义上，中国特色社会主义法治道路和中国特色国家安全道路统合于中国式现代化的普遍性与特殊性之中。

三、以人民为中心：全面依法治国和国家安全的根本立场

马克思主义认为，人民是历史的创造者，是推动历史发展和社会变革的决定性力量。正是在这样的认识下，我们党干革命、搞建设、抓改革，从来都是为人民谋利益，让人民过上幸福的生活。党的二十大报告指出："江山就是人民，人民就是江山。中国共产党领导人民打江山、守江山，守的是人民的心。"进入新时代，我们党提出并着力践行以人民为中心的发展

思想，这既体现了党全心全意为人民服务的根本宗旨，又体现出人民是推动发展的根本力量的马克思主义唯物史观。习近平法治思想把坚持以人民为中心作为全面依法治国的根本立场，总体国家安全观将以人民安全为宗旨作为其精髓要义之一和维护国家安全的根本立场，两者高度契合于共同蕴含的人民观，深刻反映出尊重人民群众的主体地位和首创精神、坚持人民至上的价值追求，而这正是习近平新时代中国特色社会主义思想的理论基点和价值遵循。

一方面，坚持全面依法治国和国家安全为了人民。当前，我国社会的主要矛盾已转化为"人民日益增长的美好生活需要和不平衡不充分的发展之间的矛盾"，此时人民群众对美好生活的向往会更多向民主、法治、公平、正义、安全、环境等方面延伸拓展。在法治方面，要主动回应人民群众对在法治领域的新期盼、新要求，把牢社会公平正义的价值追求，通过推进全面依法治国依法保障人民群众合法权益，努力让人民群众在每一个司法案件中感受到公平正义。在国家安全方面，要始终坚持人民至上的理念，以人民安全为宗旨，把维护人民安全作为推进国家安全体系和能力现代化的出发点和落脚点，切实维护广大人民群众安全权益。通过推进全面依法治国和维护国家安全，推动更高水平平安中国建设，不断增强人民群众的获得感、幸福感、安全感。

另一方面，坚持全面依法治国和国家安全依靠人民。要深刻认识到法治和国家安全的根基都在人民，两者都同每个人切身利益休戚相关，也都离不开全社会的共同参与。在法治上，要坚持人民在全面依法治国中的主体地位，充分调动人民群众投身依法治国实践的积极性、主动性，引导全体人民做社会主义法治的忠实崇尚者、自觉遵守者、坚定捍卫者，使遵法守法成为全体人民的共同追求和自觉行动。在国家安全上，要动员全党全社会共同努力，把人民群众作为国家安全的基础性力量，充分发挥广大人民群众的积极性、主动性和创造性，夯实国家安全和社会稳定基层基础，筑牢国家安全人民防线，汇聚起维护国家安全的强大力量。

四、系统统筹：全面依法治国和国家安全的路径方法

系统观念是马克思主义认识论和方法论的重要范畴，党的二十大报告深刻阐述了习近平新时代中国特色社会主义思想的世界观和方法论的"六个坚持"，其中之一即坚持系统观念。系统观念强调树立大局观念和全局意识，善于以整体、全局和战略眼光分析和解决问题，把握好全局与局部、整体与部分间的关系，防止只见树木、不见森林。正因如此，系统观念成为我们党长期以来基础性的思想和工作方法。全面依法治国和国家安全都是事关战略全局的系统工程，因而作为习近平法治思想核心要义的"十一个坚持"、总体国家安全观核心要义的"十个坚持"都涉及方方面面，两者皆为内涵丰富、系统完备、逻辑严密的思想体系，也都得到了强有力的组织系统谋划、统筹推进。

对全面依法治国，习近平总书记强调："全面依法治国是一个系统工程，要整体谋划，更加注重系统性、整体性、协同性"；"加强党对全面依法治国的统一领导、统一部署、统筹协调"。与之相应，习近平法治思想涵盖了党的领导、方向道路、根本立场、基本原则、时代使命、目标路径、工作格局、重点任务、涉外法治、队伍建设等多方面内容，而每一方面往往又包括若干子体系，如在工作格局上就涉及"治国—执政—行政""国家—政府—社会"等法治子系统，在重点任务上就包括了立法、执法、司法、守法等方面。在组织保障方面，2018年，中共中央印发《深化党和国家机构改革方案》决定组建中央全面依法治国委员会，其目的也在于加强党中央对法治中国建设的集中统一领导，更好统筹推进全面依法治国各项工作。

对国家安全，习近平总书记提出"当前我国国家安全内涵和外延比历

史上任何时候都要丰富，时空领域比历史上任何时候都要宽广，内外因素比历史上任何时候都要复杂"的重要论断，复杂严峻的国际国内安全形势必需在总体国家安全观统领下系统谋划、科学应对，而总体国家安全观关键在"总体"，突出"大安全"理念，强调构建集随着形势变化而拓展的若干安全领域于一体的国家安全体系。从总体国家安全观不断丰富发展的精髓要义"五大要素""五对关系""十个坚持""五个统筹"看，其本身就蕴含深刻的系统思维，总体国家安全观追求的理想结果"大安全格局""新安全格局"同样内蕴着系统观念。与推进全面依法治国具有同样的组织保障逻辑，党的十八届三中全会决定成立中央国家安全委员会，为更好统筹国家安全事务、对国家安全工作实施更加有力的统领和协调，健全完善集中统一、效权威的国家安全领导体制起到了重要作用。

五、队伍建设：全面依法治国和国家安全的基础保障

古语云："徒善不足以为政，徒法不能以自行。"党的十八大以来，党中央高度重视各项政策制度的落实落细，习近平总书记在不同场合多次强调"执行力"一词，而政策制度最终都得靠"人"来执行，可以说"人"构成了政策制度执行最为重要的基础性保障，在这之中领导干部则是"关键少数"。党的二十大报告也强调，"建设堪当民族复兴重任的高素质干部队伍"；"全面建设社会主义现代化国家，必须有一支政治过硬、适应新时代要求、具备领导现代化建设能力的干部队伍"。因此，不管是习近平法治思想还是总体国家安全观，无不包含了队伍建设的相关论述。

习近平法治思想"十一个坚持"中最后两个坚持即"坚持建设德才兼备的高素质法治工作队伍"和"坚持抓住领导干部这个'关键少数'"，一方面，要推进法治专门队伍革命化、正规化、专业化、职业化，确保做到忠于党、忠于国家、忠于人民、忠于法律，另一方面，领导干部要带头尊

崇法治、敬畏法律，不断增强法治意识、提高法治素养，做尊法、学法、守法、用法的模范。如果说习近平法治思想中对队伍建设的要求是针对法治队伍的一种普遍性要求，那么，总体国家安全观中有关干部队伍的论述则是除普遍性外的更高要求。总体国家安全观"十个坚持"中的最后一个坚持要求加强国家安全干部队伍和国家安全战线党的建设，坚持以政治建设为统领，打造坚不可摧的国家安全干部队伍。进入新发展阶段，统筹发展和安全成为我们党治国理政的重要方略、重大原则，发展和安全深度融合势在必行，为此党的二十大报告还强调要"提高各级领导干部统筹发展和安全能力"。其中的"高标准、严要求"与新时代国家安全的极端重要性，以及国家安全工作突出的政治性、全面性、系统性又是高度契合的。

思想是行动的先导，理论是实践的指南。党的十八大以来，全面依法治国持续推进，国家安全得到全面加强，尤其是在党中央集中统一领导下，国家安全领域立法取得显著进展，国家安全法治建设加快步伐，中国特色国家安全法律制度体系基本形成。究其原因，很重要的一点就是在思想上有习近平法治思想和总体国家安全观的引领，而正是两者的契合性和相通性为运用法治思维、法治方式维护和塑造国家安全提供了科学的思想指引和理论指导。

第三节 运用法治思维维护和塑造新时代国家安全的基本维度

国家安全是安邦定国的重要基石，法治是国家治理体系和治理能力的重要依托。党的十九大报告指出，"完善国家安全制度体系，加强国家安全能力建设，坚决维护国家主权、安全、发展利益"；"健全国家安全体系，加强国家安全法治保障，提高防范和抵御安全风险能力"。习近平总书记在中央政治局第二十六次集体学习时强调,"坚持推进国家安全体系和能力现代化,坚持以改革创新为动力,加强法治思维,构建系统完备、科学规范、运行有效的国家安全制度体系"。运用法治思维维护和塑造国家安全是全面依法治国的应有之义,是实现国家长治久安的重要保障。在新时代国家安全工作中,要运用法治思维把准四个基本维度维护和塑造国家安全,走好中国特色国家安全道路。

一、坚持以习近平法治思想为指导维护和塑造国家安全

伟大时代、伟大事业必有伟大的思想指引。习近平总书记指出:"全面依法治国是国家治理的一场深刻革命,必须坚持厉行法治。"站在国家治理立场,全面依法治国背景下的国家安全治理亦可视作一场深刻革命,维护和塑造国家安全同样离不开思想灯塔的定向领航。习近平法治思想内涵丰富、论述深刻、逻辑严密、系统完备,其核心要义可以精辟概括为"十一个坚持",是全面依法治国的根本遵循和行动指南。习近平法治思想在回答我国社会主义法治建设一系列重大理论和实践问题的同时,也为新时代"为什么"以及"如何"运用法治思维维护和塑造国家安全明确了指导思想,指明了前进方向。唯有深刻认识习近平法治思想的核心要义,才能把思想理论转化为维护和塑造国家安全的实践伟力。

第一,坚持习近平法治思想的政治方向引领。方向决定前途。作为政治属性极强的一项治国理政工作,国家安全必须把牢政治方向之"舵"。"十一个坚持"中"坚持党对全面依法治国的领导""坚持以人民为中心""坚持中国特色社会主义法治道路"回答了全面依法治国由谁领导、为了谁依靠谁、走什么路等根本问题,为全面依法治国指明了政治方向。国家安全工作同样会面临方向问题,应自觉将这些"坚持"贯穿国家安全各领域和全过程,并通过国家安全制度体系加以彰显,牢牢把握运用法治思

维维护和塑造国家安全的正确政治方向。

第二，坚持习近平法治思想的目标任务导向。新理念新思想新战略必须要明目标、定任务才能落地落实。"十一个坚持"从十一个方面对全面依法治国需重点抓好的工作提出了要求。如果说"十一个坚持"明确了全面依法治国"总"目标，那么其必然也为运用法治思维维护和塑造国家安全锚定了"分"任务。如"坚持在法治轨道上推进国家治理体系和治理能力现代化"，这就涉及在法治轨道上推进国家安全体系和能力现代化任务。又如"坚持建设中国特色社会主义法治体系"，这是全面依法治国的总抓手和发展目标，具体到国家安全领域就必须构建中国特色国家安全法治体系。

第三，坚持习近平法治思想的科学方法融贯。习近平法治思想内蕴着系统思维、辩证思维、底线思维等丰富的思维方法，这些方法是对马克思主义立场观点方法的坚持和发展，为全面依法治国奠定了方法论基础。例如，习近平总书记指出："全面依法治国是一个系统工程，要整体谋划，更加注重系统性、整体性、协同性。"这背后无疑是系统思维方法的支撑，闪烁着唯物辩证法的理性光芒。国家安全工作同样是牵一发而动全身的系统工程，运用法治思维维护和塑造国家安全，也同样需要这些思维方法的共同支撑与科学指导。

二、推进国家安全立法为维护和塑造国家安全提供制度依据

党的十八大提出了新时代全面依法治国"科学立法、严格执法、公正司法、全民守法"的"十六字方针"。坚持这一方针亦构成习近平法治思想的核心要义之一，其中科学立法无疑是全面依法治国的前提和基础。而运用法治思维维护和塑造国家安全也首先要解决"立什么法、怎么立法"的问题，否则法治思维便会成为无源之水、无本之木。

党的十八大以来，在党中央集中统一领导下，国家安全领域立法加快

步伐，先后制定了《反间谍法》《国家安全法》《反恐怖主义法》《境外非政府组织境内活动管理法》《网络安全法》《国防交通法》《国家情报法》《核安全法》《生物安全法》《出口管制法》《香港特别行政区维护国家安全法》《数据安全法》《反外国制裁法》等一系列国家安全法律。这些立法涵盖了国家安全多个重要领域，使中国特色国家安全法律体系日趋完善，为国家安全执法、司法和守法提供了制度遵循。进入新时代，随着国家安全形势日益严峻复杂、国家安全领域不断拓展延伸，我国国家安全立法仍然存在进一步健全完善的空间。

一方面，要立足于国家安全形势变化新特点新趋势，加强国家安全立法的战略性、前瞻性、系统性研究谋划。特别是对太空、深海、极地、电磁、海外利益、海外军事行动等当前国家安全立法空白领域，要变以往的"被动回应式"立法为"主动谋划式"立法，及时把这些领域纳入国家安全制度体系建设中来进行超前统筹考虑，通过立法"领跑"塑造有利的国家安全态势，从而实现更高层次、更具前瞻性地维护国家安全。另一方面，也要把握好国家安全立法的轻重缓急，在突出重点、急用先行上着力，正如习近平总书记指出："要积极推进国家安全、科技创新、公共卫生、生物安全、生态文明、防范风险、涉外法治等重要领域立法，健全国家治理急需的法律制度、满足人民日益增长的美好生活需要必备的法律制度"。近年来，我国先后在网络安全、核安全、生物安全、数据安全等非传统安全领域出台法律，都生动体现了这方面的立法努力。此外，对于现有国家安全法律应从法律的可操作性、可执行性角度制定完善相关实施细则和办法，使国家安全责任落细落实。

三、运用法治方式开展斗争维护国家主权、安全和发展利益

当今世界正经历百年未有之大变局，国际体系和国际格局加速演变，

全球治理体系深刻重塑，大国间的战略博弈和安全斗争加剧，我国安全形势不确定性不稳定性增大。面对严峻复杂的国家安全形势，要更好维护国家主权、安全、发展利益，人类社会发展实践证明，体现规则之治、良法之治的法治无疑是最可靠、最稳定的治理。基于此，习近平总书记指出："要强化法治思维，运用法治方式，有效应对挑战、防范风险，综合利用立法、执法、司法等手段开展斗争，坚决维护国家主权、尊严和核心利益。"这充分表明在国家安全领域运用法治方式开展斗争不是抽象的，而是具体的，不是孤立的，而是系统的，重点在于对习近平法治思想核心要义"坚持统筹推进国内法治和涉外法治"的深入把握和运用。

要不断健全完善国内法治，防止境内外敌对势力利用国家安全法律漏洞和制度短板进行颠覆、分裂、渗透、破坏活动，实现有效的国内安全治理。早在2005年，全国人大审议通过《反分裂国家法》就是以"法律战"形式坚决依法反击"法理台独"之路，直到今天，《反分裂国家法》仍然是一把遏制"台独"的法律利剑。为改变长期以来香港在维护国家安全方面"不设防"状态，2020年6月30日，全国人大常委会表决通过《香港特别行政区维护国家安全法》并将其列入香港基本法附件三，成为香港重返正轨的转折点。2021年3月11日，全国人大又表决通过《关于完善香港特别行政区选举制度的决定》，消除香港选举制度机制方面的风险隐患，全面落实"爱国者治港"原则，确保"一国两制"行稳致远。可以说，只有通过完备的国内法治才能为国家安全构筑一道坚固的"防波堤"，只有拿起法律武器开展斗争才能真正实现安全治理效能。

习近平总书记强调："中国人民不信邪也不怕邪，不惹事也不怕事，任何外国不要指望我们会拿自己的核心利益做交易，不要指望我们会吞下损害我国主权、安全、发展利益的苦果。"因此在完善国内法治基础上，还要加快涉外法治工作战略布局，充分运用法治方式协调推进国内与国际治理，开展有理有据有节的安全斗争，切实维护国家主权、尊严和核心利益。

2016年，针对"南海仲裁案"这场披着法律外衣的政治闹剧，我们拿起法律武器坚决斗争，维护了国家核心利益，捍卫了国际法基本原则和国际正义。近年来，一些西方国家利用各种借口对我国造谣污蔑、遏制打压并实施所谓制裁，我们也注重运用法治方式开展斗争。如为反对西方动辄"单边制裁""长臂管辖"的霸凌行径，在商务部发布《不可靠实体清单规定》《阻断外国法律与措施不当域外适用办法》等规章基础上，全国人大常委会于2021年6月10日表决通过《反外国制裁法》。这些涉外领域制度规范无疑有利于充实维护和塑造国家安全的法律"工具箱"，为安全斗争中反制裁、反干涉、反制长臂管辖等提供了强有力的法治保障。

四、加强国家安全队伍建设保障国家安全法治人才供给

在全面依法治国伟大进程中，法治人才培养无疑是其重要组成部分，具有基础性、全局性、战略性地位。习近平总书记指出："要加快实施人才强国战略，确立人才引领发展的战略地位，努力建设一支矢志爱国奉献、勇于创新创造的优秀人才队伍。"实际上，支撑人才强国战略的人才引领发展战略逻辑，在法治人才培养方面也必须贯彻落实。这些在习近平法治思想核心要义关于全面依法治国保障力量的两个坚持中得到彰显，即"坚持建设德才兼备的高素质法治工作队伍"和"坚持抓住领导干部这个'关键少数'"。前者主要针对法治人才培养，后者则是对领导干部队伍建设的要求，两者共同构成了国家安全队伍建设和法治人才供给的基本逻辑。

对于国家安全领导干部队伍，习近平总书记在不同场合多次提出明确要求，如在2015年全国国家安全机关总结表彰大会上，他提出"努力打造一支坚定纯洁、让党放心、甘于奉献、能拼善赢的干部队伍"；在中共中央政治局第二十六次集体学习时又强调"打造坚不可摧的国家安全干部队伍"。其中虽未直接出现"法治"二字，但在全面依法治国时代背景下，

"能拼善赢""坚不可摧"等要求背后必然离不开法治思维的支撑。作为政法队伍重要组成部分的国家安全领导干部，亦必须严格执法、公正司法，这同样要求充分运用法治思维开展国家安全工作。因此，国家安全领导干部在贯彻落实党中央决策部署过程中，应带头掌握法律、敬畏法律、尊崇法治，不断提高运用法治思维、法治方式维护和塑造国家安全的能力，做尊法学法守法用法的模范。

对国家安全法治人才培养，要按照推进法治专门队伍革命化、正规化、专业化、职业化的目标，从"德"和"法"两方面着力。一方面坚持以政治建设为统领，德法兼修，加强理想信念和法律信仰教育，培养忠于党、忠于国家、忠于人民、忠于法律，具有强烈家国情怀的国家安全法治人才。另一方面要立足国家安全交叉学科属性及国家安全工作现实需要，培养大批高素质法治人才。例如，为加快推进涉外法治战略布局，服务重点领域、新兴领域、涉外领域，提升我国在涉外法治和全球治理方面的话语权和影响力，一些高等院校以习近平法治思想为指导加强涉外法治人才培养。这即是立足安全形势、顺应时代发展培养法治人才的显例。为贯彻总体国家安全观、夯实国家安全人才基础，2021年1月国务院学位委员会决定设置"国家安全学"一级学科，这一重要战略举措从制度设计层面为全面加强国家安全学科建设和人才培养奠定了坚实基础。

第四节　完善国家安全法治体系是全面依法治国的题中之义

党的二十大报告两次提及完善国家安全法治体系、战略体系、政策体系。2023年5月30日，习近平总书记主持召开二十届中央国家安全委员会第一次会议再次指出："坚持并不断发展总体国家安全观，推动国家安全领导体制和法治体系、战略体系、政策体系不断完善"。在深入推进全面依法治国背景下，完善国家安全法治体系无疑构成全面依法治国的题中之义。只有坚持以习近平法治思想和总体国家安全观为指导，准确把握完善国家安全法治体系的时代内涵和实现路径，才能在新时代新征程把中国特色国家安全法治建设推向前进，切实筑牢国家安全法治保障。

一、完善国家安全法治体系的性质：一场深刻革命

习近平总书记指出："全面依法治国是国家治理的一场深刻革命，必须坚持厉行法治，推进科学立法、严格执法、公正司法、全民守法。"这是我们党系统总结长期历史经验，特别是党的十八大以来治国理政实践得到的一个重要结论，其中，对全面依法治国"深刻革命"的定位，既是对国家治理深层规律的把握，又意味着对旧观念、旧体制、旧模式的突破与变革。毫无疑问，完善国家安全法治体系深嵌于全面依法治国这场深刻的革命之中，对完善之理念、方式、路径等均产生了重大而深远的影响，关系党执政兴国，关系人民幸福安康，关系党和国家长治久安。

在理念上，贯彻习近平法治思想和总体国家安全观。习近平法治思想和总体国家安全观都是习近平新时代中国特色社会主义思想的重要组成部分，分别是全面依法治国和新时代国家安全工作的根本遵循和行动指南，两者均是内涵丰富、逻辑严密、系统完备的思想体系，又均对国家安全法治作出重要论述。习近平法治思想之核心要义体现为"十一个坚持"，对完善国家安全法治体系具有重要指导意义，其中对积极推进国家安全、生物安全、防范风险、涉外法治等重要领域立法，加快涉外法治工作战略布局更好维护国家主权、安全、发展利益等作出专门强调。总体国家安全观的核心要义体现为"十个坚持"，其中包括构建系统完备、科学规范、运行有效的国家安全制度体系。正是在新思想新理念统领下，完善国家安全法治

体系目标更清晰、方向更明确,完善国家安全法治体系方能在新时代新征程不断深化、持续推进。

在方式上,强调对法治思维和法治方式的深度运用。习近平总书记指出:法治"是治国理政的基本方式""是国家治理体系和治理能力的重要依托",并要求各级领导机关和干部"要提高运用法治思维和法治方式的能力"。在新时代完善国家安全法治体系上,习近平法治思想指出"综合利用立法、执法、司法等手段开展斗争,坚决维护国家主权、尊严和核心利益",总体国家安全观提出加强法治思维构建国家安全制度体系等,无不充分体现出对法治思维和法治方式的强调。正是如此,党的十八大以来,在党中央集中统一领导下,国家安全法治建设加快步伐,以2015年制定《国家安全法》为引领,《网络安全法》《香港特别行政区维护国家安全法》《生物安全法》等20余部国家安全专门立法接连出台,上百部内含国家安全条款的法律法规制定修订,《党委(党组)国家安全责任制规定》《中国共产党领导国家安全工作条例》等党内法规制定实施,中国特色国家安全法律制度体系基本形成,为维护和塑造国家安全提供了坚实法治保障。

在路径上,一体推进完善国家安全法治、战略、政策体系。在时代话语体系中,完善国家安全法治体系、战略体系、政策体系时常并列提出,"三个体系"既各有侧重又相互配合与补充,统合于具有系统性、整体性、协同性的国家安全体系之中。一方面,"三个体系"在作用功能上各有侧重,完善国家安全法治体系在侧重点上与战略、政策体系不尽相同,申言之,法治体系侧重强调制度化、规范化、程序化,战略体系侧重站在全局高度进行顶层设计和系统谋划,政策体系则体现出明显的因时因势、识变应变的灵活性。另一方面,"三个体系"又相互影响、相互支撑、一体协同,集中表现为完善"三个体系"进程中三者形成的转化和补充关系,例如,党的政策性文件中多有对国家安全法治的相关论述,对此中央政治局审议通过《国家安全战略纲要》指出"把法治贯穿于维护国家安全的全过程",审议《国家安全战略（2021—2025年）》时强调"更加注重法治思维",而这些要求又转化为完善国家安全法治实践过程中的一系列立法成果。

二、完善国家安全法治体系的作用：固根本、稳预期、利长远

习近平总书记强调："我国社会主义法治凝聚着我们党治国理政的理论成果和实践经验，是制度之治最基本最稳定最可靠的保障。"历史和现实也深刻昭示我们，法治兴则国兴，法治强则国强。只有把党和国家工作纳入法治化轨道，善于运用法治思维和法治方式治国理政，才能推进国家治理体系和治理能力现代化，对于推进国家安全体系和能力现代化同样如此。为此，必须在完善国家安全法治体系过程中，充分发挥法治固根本、稳预期、利长远之保障作用，全面提升国家安全工作法治化水平。

通过"固根本"充分发挥法治的规范性作用。"固"即稳固、巩固、牢固之意，"根本"一般是指事物具有决定性、会对全局产生影响的部分。在现代法治语境下，"固根本"意味着法治的规范性作用应当得到充分发挥，这就要求将法治作为治国理政的基本方式，运用法治思维和法治方式确立具有稳定性、连续性的制度规范，也彰显出法治作为国家治理体系和治理能力现代化之基础有着根本性、战略性、全局性意义。在完善国家安全法治体系过程中，法治的"固根本"作用同样需要得到有效发挥，方能确保社会大局稳定和国家长治久安。我国于2015年制定的《国家安全法》即是国家安全领域一部综合性、全局性、基础性法律，其着眼国家安全新形势新任务，立足全局统领各重点安全领域，在此基础上我国形成了基本法与单行法并立的国家安全法律制度框架，以《国家安全法》为统领、以重点单行法为支撑的新时代国家安全法律制度体系逐步健全完善，实现了国家

安全法治之"固根本"作用。

通过"稳预期"充分发挥法治的引导性作用。从法理层面来说，人们在日常生产生活中会形成复杂的互动关系，如果没有法治确立公开的制度规范，供人们预测自己的行为及后果，社会便会陷入一种混乱无序状态。而法律通过发挥其预测作用可减少人们行动的偶然性、盲目性，根据法律规定可以预先知晓或估计人们相互间将如何行为，从而根据预知作出行动安排和计划。"稳预期"着重强调的是稳定性，特别是随着国家安全问题的复杂程度、艰巨程度明显加大，我们要准备经受"风高浪急""惊涛骇浪"的重大考验，此时就更需对风险挑战有明确的心理预期，这也是风险社会条件下法治本身的必然要求。例如，随着网络时代的到来，我国相继出台《网络安全法》《数据安全法》《个人信息保护法》，这3部法律显示出在完善国家安全法治体系上更加注重协同高效、更加注重法治思维的一面，作为维护网络和信息安全公开的制度规范，其无疑对相关行为具有明确的引导性，为数字经济社会健康发展提供了有力支撑。

通过"利长远"充分发挥法治的保障性作用。所谓"利长远"并非追求短暂的"一时之治"，而是追求长期而持续的"长治久安"，这就需要在推进全面依法治国进程中总结经验、凝聚共识，与时俱进健全完善国家安全法治体系。可以说"利长远"作用的发挥寓于新时代新征程推进国家安全体系和能力现代化的过程中，其典型表现之一即低位阶制度规范向高位阶法律的"升级"。例如，为反制以美国为首的西方国家违反国际法和国际关系基本准则，对我国企业和个人滥用"长臂管辖"、滥施单边制裁的霸凌行径，在2020年商务部制定了《不可靠实体清单规定》、2021年1月又出台《阻断外国法律与措施不当域外适用办法》的基础上，2021年6月全国人大常委会审议通过《反外国制裁法》，进一步充实了我国对外斗争的法律"工具箱"，坚决捍卫国家主权、安全、发展利益。

三、完善国家安全法治体系的路径：推进国家安全工作法治化

党的二十大报告指出，我们要"全面推进国家各方面工作法治化"，同时强调"必须坚定不移贯彻总体国家安全观，把维护国家安全贯穿党和国家工作各方面全过程"。其中"各方面""全过程"的重要论述清楚表明，完善国家安全法治体系在路径上应紧扣"分两步走"战略安排，锚定"国家安全更为巩固"的短期发展目标，以及"国家安全体系和能力全面加强"的中长期发展目标，持续推进国家安全法治体系建设，坚定不移走中国特色国家安全法治道路。

加快国家安全政策向法律的转化。政策转化为法律是新形势下改革和完善党的领导方式、执政方式以提高执政能力的重要举措，对国家安全政策和法律亦然。尽管国家安全政策因其针对性、灵活性可以适应百年变局加速演进背景下国家安全形势不确定性、不稳定性之特点，但随着全面依法治国深入推进，要更好发挥法治固根本、稳预期、利长远的保障作用，必须把有立法必要的国家安全政策及时转化为法律，逐步实现国家安全治理由"政策之治"转向"法律之治"。习近平法治思想指出要"健全国家治理急需的法律制度、满足人民日益增长的美好生活需要必备的法律制度"，近年来，国家安全政策法律化的速度明显加快，如疫情发生后维护生物安全成为迫切之需，政策要求加强生物安全风险防控和治理体系建设，于是在较短时间推动出台了《生物安全法》，为国家生物安全治理提供了有力法律支撑。

加强非传统安全和新型安全领域立法。当前，我国面临更为严峻的国家安全形势，各种"黑天鹅""灰犀牛"事件随时可能发生，在这之中很多属非传统安全、新型安全领域的风险挑战。随着国家安全内涵外延更加丰富、时空领域更加宽广、内外因素更加复杂，越来越多的非传统安全和

新型安全领域进入国家安全体系。为此必须加快推进这些领域的立法进程，党的十八大以来，国家安全法治建设的一个显著特点即加强加快了非传统安全领域立法，《网络安全法》《核安全法》《生物安全法》《数据安全法》《个人信息保护法》等一系列国家安全领域法律出台，为防范应对非传统安全风险提供了制度保障。在新型安全领域，我们也高度重视建章立制规范管理，如针对生成式人工智能带来的安全风险，国家网信办等七部门及时公布《生成式人工智能服务管理暂行办法》，以促进生成式人工智能健康发展及规范应用。

健全完善传统安全领域立法。进入新时代，尽管国家安全形势变得越来越复杂，特别是非传统安全威胁明显上升，但以军事、政治、外交等冲突为代表的传统安全威胁依然严峻，且传统安全与非传统安全问题相互交织、相互影响，安全威胁日趋复杂化、多样化。为防范应对传统安全领域的这些新情况新问题新挑战，必须随之健全完善相关立法，例如，为提升现代军事领域的战略投送能力，我国在1995年颁布《国防交通条例》的基础上，于2016年出台《国防交通法》，贯彻军民融合发展战略，有利于依法保障快速高效的战略投送。又如，为适应新形势下各类间谍情报活动主体更复杂、领域更广泛、手法更隐蔽、目标更多元等新变化新特点新趋势，修订后的《反间谍法》于2023年7月1日实施，为开展反间谍斗争提供了强有力的法治保障。

依法维护国家主权、安全、发展利益。近年来，随着我国快速发展，一些西方国家加大了对我国围堵、打压、捣乱和颠覆。例如，为遏制中国发展、维护自身霸权，近年来美国政府不断泛化"国家安全"概念，奉行贸易保护主义政策，滥用出口管制措施，阻碍芯片等产品正常国际贸易，破坏国际经贸秩序，威胁全球产业链供应链稳定。面对来自西方不断升级的打压阻遏，我们拿起法律武器，坚决捍卫自身主权权益、维护国家核心利益。党的二十大报告强调："加强重点领域、新兴领域、涉外领域立法，统筹推进国内法治和涉外法治,以良法促进发展、保障善治。"为此,我们协调推进国内治理和国际治理,先后出台《出口管制法》《反外国制裁法》《对外关系法》等一系列涉外法律,反对一切形式的霸权主义和强权政治,充分利用法律手段开展斗争,坚决维护国家尊严和核心利益,牢牢掌握国家安全发展主动权。

第六章
新时代国家安全治理话语体系的"保障论"

一般认为,保障主要涉及"人财物"等方面的支撑问题。我国《国家安全法》第五章为"国家安全保障",其中就对法律制度、投入、科技、人才、宣传教育等方面作出了规定。[①]2017年2月,习近平总书记主持召开国家安全工作座谈会并发表重要讲话,强调要加大对维护国家安全所需的物质、技术、装备、人才、法律、机制等保障方面的能力建设,更好适应国家安全工作需要。可见国家安全保障是全方位的,深刻体现了总体国家安全观的"总体"二字。安全是发展的基础,稳定是强盛的前提,这从宏观意义上凸显出安全的保障意义,是故新时代新征程要以新安全格局保障新发展格局。从微观角度看,推进国家安全体系和能力现代化本身亦离不开坚实的保障。本章通过发扬斗争精神筑牢国家安全屏障谈宏观的保障,选取国家安全教育阐释微观的保障问题,这些均是总体国家安全观内涵要义的集中呈现。

第一节　在新征程上发扬斗争精神筑牢国家安全屏障

在庆祝中国共产党成立100周年大会上,就如何在新的征程上更加坚定和自觉地以史为鉴、开创未来,习近平总书记强调要把握"九个必须",其中之一即"我们必须增强忧患意识、始终居安思危,贯彻总体国家安全观,统筹发展和安全,统筹中华民族伟大复兴战略全局和世界百年未有之大变局,深刻认识我国社会主要矛盾变化带来的新特征新要求,深刻认识

---

① 具体参见《国家安全法》第六十九条至第七十六条。

错综复杂的国际环境带来的新矛盾、新挑战,敢于斗争,善于斗争,逢山开道、遇水架桥,勇于战胜一切风险挑战!"这一重要论述高屋建瓴、立意高远、思想深刻、内涵丰富,把我们党对国家安全的认识提升到一个新境界、新高度,具有很强的前瞻性、战略性和指导性,为在新的征程上发扬斗争精神守护国家安全,指明了方向,提供了遵循。

一、准确把握国家安全形势变化新特点新趋势

中国特色社会主义进入新时代,中华民族迎来从站起来、富起来到强起来的伟大飞跃,实现中华民族伟大复兴进入不可逆转的历史进程,与此同时对国家安全提出了新的更高要求。只有准确把握国家安全新形势新任务,才能与时俱进提升国家安全能力,更好肩负起维护和塑造国家安全的使命责任。党的十八大以来,习近平总书记顺应时代发展潮流,把国家安全放到中华民族伟大复兴战略全局、世界百年未有之大变局"两个大局"中运筹谋划,明确提出"三大趋势""三个前所未有""三个重大危险"战略判断。党的十九大报告又明确指出,进入新时代,我国社会主要矛盾已转化为人民日益增长的美好生活需要和不平衡不充分的发展之间的矛盾。这种矛盾体现在城乡、不同区域、不同阶层等方面,与社会安全、生态安全、资源安全等领域相关,对国家安全提出了新的时代课题。

这些重大战略判断建构在强烈的忧患意识、危机意识之上,是我们党治国理政对"增强忧患意识,做到居安思危"这一重大原则的坚持与运用。正如习近平总书记所强调,随着我国进入矛盾风险易发期,"各种可以预见和难以预见的安全风险挑战前所未有,必须始终增强忧患意识,做到居安思危"。这些重大战略判断深刻阐述了国际战略形势和我国安全环境,以及各类风险挑战的内外联动性:在外部环境上,当今世界呈现出新机遇新挑战层出不穷、国际体系和国际秩序深度调整、国际力量对比深刻变化并朝着有利

于和平与发展方向变化"三大趋势";从我国发展阶段性特征看,面临前所未有地靠近世界舞台中心、前所未有地接近实现中华民族伟大复兴的目标、前所未有地具有实现这个目标的能力和信心"三个前所未有";就国家安全面临威胁而论,主要存在"三个重大危险",即国家被侵略、被颠覆、被分裂,改革发展稳定大局被破坏,中国特色社会主义发展进程被打断。

习近平总书记深刻指出:"共产党人的斗争是有方向、有立场、有原则的"。这些"内外结合"的重大战略判断,贯通历史、现实和未来,既清晰呈现了国家安全形势新的发展变化,又科学回答了我们处于何种环境、站在什么方位、面临哪些挑战等一系列基本问题,展现了以习近平同志为核心的党中央对国家安全形势变化新特点新趋势的深邃思考,为国家安全斗争全面研判了时代大势,科学把握了战略全局。

二、坚持以总体国家安全观为斗争的思想武器

工欲善其事,必先利其器。要在这场具有许多新的历史特点的伟大斗争中锻造"烈火真金",离不开攻坚克难、化危为机的强大思想武器。2014年4月15日,在中央国家安全委员会第一次全体会议上,习近平总书记首次提出总体国家安全观,并对其基本内涵、贯彻原则等深入阐述。作为一个开放包容的战略思想体系,总体国家安全观是马克思主义立场观点方法在国家安全领域的集中运用,反映了我们党推进国家安全理论和实践重大创新的成果,为新时代更好地开展国家安全斗争提供了制胜的思想利器。

第一,总体国家安全观为斗争指引目标价值。伟大斗争必定是合规律性与合目的性的有机统一。总体国家安全观通过价值引领目标,目标引导实践,使国家安全斗争把准政治方向,站稳人民立场。总体国家安全观提出以人民安全为宗旨,以政治安全为根本,以经济安全为基础,以军事、文化、社会安全为保障,以促进国际安全为依托。这"五大要素"相互作

用、相互影响，构成不可割裂的安全体系，共同揭示了国家安全的整体架构及其内在逻辑联系，擘画出中国特色国家安全道路的基本取向，对新时代国家安全斗争的目标价值形成全面而清晰的指引。

第二，总体国家安全观为斗争明确重点领域。伟大斗争只有"斗"到点子上，"争"在关键处，方能事半功倍。正如习近平总书记指出："我们共产党人的斗争，从来都是奔着矛盾问题、风险挑战去的。"总体国家安全观关键在"总体"，突出"大安全"理念，其提出"五对关系"既包括发展问题，又包括安全问题；既包括传统安全，又包括非传统安全；既包括外部安全，又包括内部安全；既包括国土安全，又包括国民安全；既包括自身安全，又包括共同安全。"总体""大安全"并不是对安全问题的泛化，强调"全面"而非"全部"，因此必须把握好国家安全的范围边界。这有利于我们聚焦重点领域、抓住主要问题，有的放矢地开展国家安全斗争。

第三，总体国家安全观为斗争提供科学方法。习近平总书记强调："要注重策略方法，讲求斗争艺术"。这需要根据国家安全形势变化，合理选择斗争方式，学会拿捏斗争火候，把握好斗争的时、度、效。总体国家安全观之"总体"实际上亦是一种方法，核心在于对国家安全的科学统筹，其蕴含战略思维、系统思维、辩证思维、底线思维、创新思维等思想方法，为国家安全斗争提供了丰富的选项。例如，针对国家安全各领域各方面党中央反复强调的"统筹"，要善用"十个指头弹钢琴"，是对系统思维方法的运用。又如，在斗争中未雨绸缪，推动解决国家安全工作中的突出短板弱项，此时必须深化运用底线思维、创新思维方法。

三、充实防范应对风险挑战的法律斗争工具箱

面对严峻复杂的国家安全形势，要有理有利有节地开展国家安全斗争，人类社会发展实践证明，体现规则之治、良法之治的法治是最可靠、最稳

定的治理。在法治社会，捍卫国家主权、安全、发展利益的强大能力，也必然包含相应的法治建构能力。基于此，党中央把全面依法治国纳入"四个全面"战略布局，并将法治作为国家治理体系和治理能力的重要依托。习近平总书记强调："坚持推进国家安全体系和能力现代化，坚持以改革创新为动力，加强法治思维，构建系统完备、科学规范、运行有效的国家安全制度体系。"在国家安全斗争中，只有运用法治思维不断充实法律斗争工具箱并以之开展斗争，才能坚决维护国家主权、尊严和核心利益。

党的十八大以来，在党中央集中统一领导下，我们坚持以总体国家安全观为指导，国家安全领域立法进展显著，使防范应对风险挑战的法律工具箱不断得到充实。2015年7月1日，我国颁布实施了在国家安全制度体系中居于统领地位的新《国家安全法》。此外，还在反恐怖、反制裁、国家情报、生物安全、网络安全、数据安全、核安全、国防交通、出口管制、境外非政府组织境内活动、香港特别行政区维护国家安全等方面，推出一系列管总管长的国家安全法律。这些法律涉及国家安全多个重点领域，使中国特色国家安全法律体系加快迈向健全完善，为利用立法、执法、司法等手段开展国家安全斗争，提供了更加成熟、更加系统的制度保障。进入新时代，世界形势深刻变化，国内外风险挑战空前上升，大国战略博弈和安全斗争加剧，国家安全形势不确定性不稳定性增大，与之相适应，我国国家安全法治仍存在进一步完善的空间。

一方面，要着眼于国家安全形势变化新特点新趋势，加强国家安全立法的战略性、前瞻性、系统性研究谋划。特别是对科技安全、生态安全、资源安全、文化安全等新兴安全领域尚存在较多实践和立法空白，要及时将其纳入国家安全制度体系建设中统筹考虑，通过建章立制加快充实完善法律工具箱，补足缺失的法治"拼图"，积极塑造有利的国家安全态势。另一方面，要注意把握国家安全法治建设的轻重缓急，在突出重点、急用先行上着力，正如习近平总书记指出："要积极推进国家安全、科技创新、公共卫生、生物安全、生态文明、防范风险、涉外法治等重要领域立法，健全国家治理急需的法律制度、满足人民日益增长的美好生活需要必备的法律制度。"

四、统筹好发展和安全两件大事统揽伟大斗争

发展和安全如鸟之两翼、车之双轮，不可偏废。在我们党带领人民从站起来、富起来到强起来的光辉历程中，对发展和安全关系的认识不断深化：在站起来阶段，我们更重视安全；在富起来阶段，更重视发展；在强起来阶段，则需要统筹发展和安全。习近平总书记数次强调两者的辩证关系及统筹的重要性，如"树牢安全发展理念""坚持发展和安全并重"等。党的十九届五中全会审议通过的《建议》，把统筹发展和安全作为"十四五"时期我国经济社会发展的指导思想，并以专章作出战略部署。这些都彰示出统筹发展和安全的全局战略意义，统筹发展和安全成为新发展阶段统揽伟大斗争的题中之义和必然要求。

一是在新发展阶段开展好国家安全斗争。马克思主义认为，社会发展进步是由矛盾运动推动的，有矛盾就有斗争，新发展阶段亦不例外。习近平总书记指出："当前和今后一个时期，我国发展进入各种风险挑战不断积累甚至集中显露的时期，面临的重大斗争不会少。"新发展阶段天下并不太平，这些风险挑战表现在经济社会发展方方面面，而且变得越来越复杂，可能会持续一个较长时期。因此必须坚定斗争意志，增强斗争本领，在严峻形势和斗争任务面前，不畏险阻，敢于斗争，敢于胜利，做好打持久战的充分准备。同时也要善于斗争，调动发展中的各种积极因素，化消极因素为积极因素，以斗争求团结促合作，在斗争中争取共赢。

二是在国家安全斗争中贯彻新发展理念。理念是行动的先导，国家安全斗争目的也是为了发展。在新发展阶段，国内外环境面临深刻复杂变化，

我们党在总结改革开放以来发展经验基础上，创造性提出创新、协调、绿色、开放、共享的新发展理念。作为一个系统的理论体系，新发展理念在目的、内容、方式、程度等方面为国家安全斗争提供了科学指引。完整准确全面贯彻新发展理念，必须从根本宗旨、问题导向、忧患意识等方面把握国家安全斗争。

在根本宗旨上，坚持以人民为中心的发展思想，根本目的是让人民过上好日子，而国家安全一切为了人民、一切依靠人民，国家安全斗争要坚持以人民安全为宗旨。两者的目标取向是一脉相承、高度契合的。在问题导向上，要深入贯彻新发展理念，切实解决发展不平衡不充分问题，如科技领域"卡脖子"、城乡区域发展差距大、能源体系不合理等。这些问题亦构成国家安全斗争的重要内容，斗争就是要在发展中更多把安全因素考虑进去，为经济社会发展营造良好的安全环境。在忧患意识上，强调发展必须坚持底线思维，强化风险意识，把安全发展贯穿国家发展各领域全过程。毫无疑问，国家安全斗争也要有强烈的忧患意识，这样才能做到临危不惧，处变不惊，在重大斗争考验面前"不畏浮云遮望眼""乱云飞渡仍从容"。

第二节　新时代完善国家安全战略体系的逻辑进路

党的二十大报告在回顾新时代十年的伟大变革时指出，"我们贯彻总体国家安全观，国家安全领导体制和法治体系、战略体系、政策体系不断完善"，同时在第十一部分阐述健全国家安全体系时强调"完善国家安全法治体系、战略体系、政策体系"。2023年5月30日，二十届中央国家安全委员会第一次会议指出："推动国家安全领导体制和法治体系、战略体系、政策体系不断完善"。在"三个体系"中，战略体系无疑具有全局性、根本性、长远性的显著特点。党的十八大以来，以习近平同志为核心的党中央坚持总体国家安全观，深刻洞察世界发展大势，准确把握国家安全战略需求，构建起中国特色国家安全战略体系，为强国建设、民族复兴提供了坚强安全保障。

一、新时代国家安全战略体系的构建

习近平总书记指出："战略问题是一个政党、一个国家的根本性问题。战略上判断得准确，战略上谋划得科学，战略上赢得主动，党和人民事业就大有希望。"与此相反，如果一个国家、一个政党在战略上出了问题，就可能犯战略性、颠覆性错误，最终导致战略失败，毫无疑问，国家安全战略更是如此。我们党历来高度重视国家安全，始终将其作为治国理政的一项基础性工作来抓。进入新时代，创造性地提出了总体国家安全观重大战略思想，并以此为统领不断完善国家安全战略体系，形成了把国家安全视为事关全局和根本重大战略问题认识下，从国家安全战略思想到国家安全战略文本的国家安全战略体系。

思想是行动的先导，战略思想则在相当程度上直接影响着事物发展的总体趋势和方向。2014年4月15日，习近平在中央国家安全委员会第一次会议上首次提出总体国家安全观重大战略思想，此后这一战略思想在维护和塑造国家安全实践中不断得到丰富与发展，形成涵盖20个重点安全领域、多个国家安全重大事项，内蕴"五大要素""五对关系""十个坚持""五个统筹"等精髓要义的战略思想体系。总体国家安全观是我们党站在战略全局高度，把马克思主义国家安全理论同当代中国国家安全实践、中华优秀传统战略文化相结合的最新成果，把我们党对国家安全基本规律的认识提升到一个新高度、新境界，是包括完善国家安全战略体系在内的一切国家安全工作的根本遵循和行动指南。

在国家安全战略文本方面，自2015年以来，我国坚持以总体国家安观为指导，全面加强国家安全战略谋划和顶层设计，形成了三部以"安全战略"命名的国家安全战略文件。2015年，中央政治局召开会议审议通过《国家安全战略纲要》，这是我国首个国家安全战略文本，会议认为制定实施纲要"是有效维护国家安全的迫切需要，是完善中国特色社会主义制度、推进国家治理体系和治理能力现代化的必然要求"，这清楚表明党中央对国家安全战略的高度重视，出台纲要也为国家安全战略实施提供了实质性保障。2016年，国家网信办发布我国首部《国家网络空间安全战略》，这一战略专门针对网络安全领域，阐明了我国关于网络空间发展和安全的重大立场和主张，明确了九大方面战略任务，成为指导当前和今后一个时期国家网络安全工作的纲领性文件。2021年，中央政治局召开会议审议《国家安全战略（2021—2025年）》，这是纲要出台时隔7年后党和国家历史上第一部"国家安全战略"，此次再度强调国家安全战略站位很高、意义深远，会议更加具体、更为详实地谋划国家安全，明确了政治、经济、社会、科技、新型领域安全等五大重点领域并指出其中的重点任务，更好适应了近年来国际国内安全形势新变化、新挑战，为加快构建新安全格局明确了重点、指明了方向。

除此以外，近些年来我国提出"全球安全倡议""全球安全倡议概念文件""全球数据安全倡议""国际粮食安全合作倡议"等，也都以战略眼光为应对国际安全挑战提供了中国智慧、中国方案。至此可看到，新时代国家安全战略体系彰显出鲜明的中国特色、时代特色，其既表现在思想理念层面，亦体现为具体的文本表达，正是国家所确立不同层次、不同类型、不同领域的安全战略共同构成了具有整体性的国家安全战略体系。在这个体系中，国家安全战略不是孤立、静止的，它们既各有侧重又相互关联，形成一个相辅相成、相互促进的有机整体。

二、新时代完善国家安全战略体系的思维方法

在思维方法上，新时代完善国家安全战略体系同样特色鲜明，集中体现了总体国家安全观的方法论。实际上，作为习近平新时代中国特色社会主义思想的"国家安全篇"，总体国家安全观具有深刻的思想内涵和丰富的哲学意蕴，从根本上彰显出马克思主义世界观和方法论。"总体"二字表征着"大安全"，既是总体国家安全观重大战略思想之精华，更包含着完善国家安全战略体系所运用到的战略思维、系统思维、底线思维、法治思维、创新思维等一系列科学思维方法。

第一是战略思维。所谓战略就要高瞻远瞩、运筹帷幄，从全局、长远、大势上判断决策。国家安全是"安邦定国的重要基石""民族复兴的根基"，必须从战略上看问题、想问题。2017年，习近平总书记主持召开国家安全工作座谈会强调，党的十八大以来，"成立中央国家安全委员会，提出总体国家安全观，明确国家安全战略方针和总体部署"。设立中央国家安全委员会即是为了对国家安全工作实施有力的统领和协调，深刻体现了战略思维。中央政治局审议《国家安全战略（2021—2025年）》强调"加快构建新安全格局"，此处之"格局"意味着眼界、思维方式所展现的广度与深度，同样体现出完善国家安全战略体系必须观大势、谋大局、抓大事，从而增强战略前瞻性，赢得战略主动的一面。

第二是系统思维。坚持系统思维既要整体把握问题，亦需关注事物相关结构间的关联。党的二十大报告阐述习近平新时代中国特色社会主义思想世界观和方法论时强调了"六个坚持"，其中之一即"坚持系统观念"。完善国家安全战略体系的"体系"二字呈现了系统思维下的整体性、关联性考虑。3个国家安全战略文本均提出以总体国家安全观为指导，作为思维方法的"总体"强调维护国家安全的全面性、系统性。此外，国家安全战略文本的内容更是清晰展示了系统思维，例如，中央政治局审议通过《国

家安全战略纲要》，既涉及自身安全，又提出塑造周边安全环境，还强调世界和平与发展，这些皆是系统思维之呈现。又如，中央政治局审议《国家安全战略（2021—2025年）》提出"五个坚持"，其中"坚持总体战""实现政治安全、人民安全、国家利益至上相统一"，"促进自身安全和共同安全相协调"等表述也都蕴含着深刻的系统思维。

第三是底线思维。对此，习近平总书记反复强调："要善于运用'底线思维'的方法，凡事从坏处准备，努力争取最好的结果。"在时代话语中常以"兜底""托底""补短板"等表达来生动地呈现底线思维。完善国家安全战略体系同样强调底线思维之运用，如中央政治局审议通过的《国家安全战略纲要》指出，"坚决维护国家核心和重大利益"，这即是国家安全战略中一条不可突破的底线。又如，中央政治局审议通过的《国家安全战略（2021—2025年）》更是直接强调"筑牢防范系统性金融风险安全底线"，"在国家核心利益、民族尊严问题上决不退让"。只有坚持底线思维，强化忧患意识、危机意识，方能有备无患、遇事不慌，牢牢把握主动权。

第四是法治思维。在深入推进全面依法治国背景下，法律是治国之重器，法治是国家治理体系和治理能力的重要依托，完善国家安全战略体系亦不例外。总体国家安全观的核心要义之一即推进国家安全体系和能力现代化要"加强法治思维，构建系统完备、科学规范、运行有效的国家安全制度体系"，中央政治局审议通过的《国家安全战略纲要》特别指出"把法治贯穿于维护国家安全的全过程"，中央政治局审议通过的《国家安全战略（2021—2025年）》也强调"更加注重法治思维"，而在《国家网络空间安全战略》中更是六次提及"法治"，由此不难看到法治思维和法治方式在完善国家安全战略体系中的实际运用。

第五是创新思维。创新思维强调善于应对形势变化，打破思维定式，锐意开拓进取，其中凸显了鲜明的问题导向。出台《国家安全战略纲要》时，党中央就对经济社会形势、安全风险挑战进行了分析研判，《国家安全战略（2021—2025年）》提出加快构建新安全格局，强调加快提升数据、人工智能等新型领域的安全治理能力，这些都是此前没有专门涉及的，深刻体现出对国家安全新形势新变化的科学判断和准确把握，实际上也促成了总体国家安全观随国际国内安全形势变化而不断丰富发展。

最后，对总体国家安全观方法论本身的丰富发展，也必然影响完善国家安全战略体系的历史进程，如二十届中央国家安全委员会第一次会议针对"风高浪急""惊涛骇浪"重大考验，在此前坚持底线思维的基础上，进一步创新提出"极限思维"。极限思维强调将事物推至极限状态来认识和把握，为在国家安全问题复杂程度、艰巨程度明显加大情况下，继续推动完善国家安全战略体系提供了新的思维方法。

三、把完善国家安全战略体系、政策体系、法治体系同步推进

党的二十大报告在国家安全专章中强调"推进国家安全体系和能力现代化，坚决维护国家安全和社会稳定"，国家安全战略体系、政策体系、法治体系皆属国家安全体系的重要组成部分，推进国家安全体系现代化也意味着必须实现"三个体系"的现代化。为此，既要看到"三个体系"各自的侧重点，又要把握三者间的有机统一，在新时代新征程同步推进完善国家安全战略体系、政策体系、法治体系。

第一，"三个体系"各有侧重。"战略"最初同战争相关，后来被广泛运用于军事以外其他领域，泛指对事关全局、事关长远的重大问题的谋划与决策。因此，国家安全战略往往会对国家安全道路、国家安全领导体制、国家安全战略方针及总体部署等重大问题作出原则性论述。正是由于战略具有顶层设计、谋篇布局之作用，所以一旦犯了战略性错误，后果不堪设想，付出的代价必将是巨大的。在这个意义上，战略体系在"三个体系"

中可以说具有全局性、根本性地位。"三个体系"中政策体系最为灵活，原因在于"政策"本身具有明显的灵活性、协调性，特别是随着百年变局加速演进，世界进入新的动荡变革期，我国安全形势不确定性、不稳定性增大，此时政策体系可以通过动态调整、系统优化，以更好应对国家安全新形势新挑战，及时破解安全难题。法治体系则有利于通过把维护国家安全纳入法治轨道，发挥法治固根本、稳预期、利长远的保障作用，推动国家安全各项工作迈向制度化、规范化、法治化。

第二，"三个体系"相互支撑。"三个体系"侧重点之差异使其具有不同的作用功能，在体系运行良好的情形下，三者可互为支撑、彼此加持。这非常类似于战略与策略的辩证统一关系，对此习近平总书记曾指出："策略是在战略指导下为战略服务的"，要"把战略的坚定性和策略的灵活性结合起来，站位要高，做事要实，既要把方向、抓大事、谋长远，又要抓准抓好工作的切入点和着力点"。一方面，具有顶层决定性、全局统领性的国家安全战略需通过完善的政策体系、法治体系及运行来贯彻实施。例如，《国家安全战略纲要》提出"把法治贯穿于维护国家安全的全过程"，《国家安全战略（2021—2025年）》强调"统筹传统安全和非传统安全"，这些战略任务在党的政策文件中也被多次强调，并通过加快重要领域国家安全立法得以贯彻实施。另一方面，国家安全政策通过立法得以系统固化，如2020年习近平总书记在中央全面依法治国工作会议上强调"要积极推进国家安全、科技创新、公共卫生、生物安全、生态文明、防范风险、涉外法治等重要领域立法"，之后这一政策性要求体现为《生物安全法》《反外国制裁法》《对外关系法》等法律制度。

当然，完善"三个体系"并不必然表现为时间上的孰先孰后，三者相互支撑应该是各自内容之相辅相成，如2016年《网络安全法》出台后，相关规定精神直接体现到随后发布的《国家网络空间安全战略》之中。又如，2021年6月《数据安全法》颁布后，同年11月中央政治局审议《国家安全战略（2021—2025 年）》又强调了加快提升网络安全、数据安全等领域的治理能力。

第三，"三个体系"浑然一体。党的二十大报告针对国家安全的核心目标任务即"推进国家安全体系和能力现代化"，作为维护国家安全而建立的一系列机构、法律、政策与措施的总和，国家安全体系下三个"子体系"高度统合于国家安全体系这一"总体系"。例如，党的二十大报告在国家安全专章中强调要强化生物安全保障体系建设，对于生物安全，习近平总书记在中央政治局第三十三次集体学习时指出，"党的十八大以来，党中央把加强生物安全建设摆上更加突出的位置，纳入国家安全战略，颁布施行生物安全法，出台国家生物安全政策和国家生物安全战略，健全国家生物安全工作组织领导体制机制"。从中不难看到国家安全战略、生物安全法、生物安全政策系一套协调配合的"组合拳"，在此意义上，战略、政策、法治之于维护生物安全既各有侧重，又要彼此支撑、相互促进，更应有机结合、一体推进。时代语境下"现代化"一词蕴含丰富的思想内涵，需要关注国家安全体系各领域、各层面、各环节之相互关系及内在关联，因此必须从这个角度更加自觉深刻地认识"三个体系"的系统性、整体性、协同性。

第三节　着眼战略全局把握和维护社会安全

党的二十大报告站在战略全局高度对推进国家安全体系和能力现代化作出部署安排，指出"国家安全是民族复兴的根基，社会稳定是国家强盛的前提"，要坚持"以军事科技文化社会安全为保障""夯实国家安全和社会稳定基层基础"。2023 年 5 月 30 日，习近平总书记主持召开二十届中央国家安全委员会第一次会议对加快推进国家安全体系和能力现代化，更加注重基层基础再次作了强调。基层基础与社会安全紧密关联，一头连着社会稳定，一头连着国家安全。只有着眼战略全局把握新时代社会安全的深刻内涵，才能更好维护和塑造国家安全，保障中国式现代化行稳致远。

一、新时代安全稳定话语体系中社会安全的深刻内涵

马克思主义哲学认为，人的本质是一切社会关系的总和。与之相应，在哲学意义上，社会是人的存在形式，社会安全则构成社会生产生活中人的安全的根本保障。2014年4月15日，习近平总书记主持召开中央国家安全委员会第一次会议，创造性提出总体国家安全观，其中两次提及社会安全。其一是在总体国家安全观的"五大要素"中指出"以军事、文化、社会安全为保障"，其二是明确指出社会安全是构建集11个国家安全重点领域于一体的国家安全体系之内容。这说明在总体国家安全观重大战略思想中，社会安全是国家安全体系的构成要素之一，同时还在维护国家安全中具有"保障"地位。2015年出台的《国家安全法》也两次提及社会安全，该法第3条规定国家安全工作应当"以军事、文化、社会安全为保障"，这是对总体国家安全观"五大要素"的再强调；该法第29条具体规定"国家健全有效预防和化解社会矛盾的体制机制，健全公共安全体系，积极预防、减少和化解社会矛盾，妥善处置公共卫生、社会安全等影响国家安全和社会稳定的突发事件，促进社会和谐，维护公共安全和社会安定"。由于《国家安全法》是一部在国家安全法律制度体系中起统领作用的基本法，这就从高位阶法律层面确立了社会安全在国家安全中的地位和作用。通过条文表述不难看到社会安全同社会稳定、公共安全、社会矛盾等概念之间的紧密联系。而梳理相关表达可进一步看到，社会安全深嵌于系统思维下的新时代安全稳定话语体系中，集中体现为"社会安全网"以及把社会安全和稳定联系起来的话语表达。

对于"社会安全网"，2014年，习近平主席在金砖国家领导人第六次

会晤上的讲话提出,"我们应该坚持包容性增长理念,用社会政策托底宏观经济政策,织牢社会安全网,推动经济从量的增长转向质的提升";2015年,习近平总书记主持召开党外人士座谈会时指出"要加强民生保障,完善社会保障体系和社会安全网"。"网"的表述内涵丰富、寓意深邃,其关乎经济、民生、社会保障等方面,蕴含着深刻的系统思维,亦是总体国家安全观"总体"二字的必然要求。也正因如此,在相关话语表达中,常常将社会安全明确点出并同其他安全并列起来,以凸显其在国家安全体系中的重要性,如2020年7月,习近平总书记在中央政治局常委会会议上强调"防汛救灾关系人民生命财产安全,关系粮食安全、经济安全、社会安全、国家安全";同年11月,习近平总书记在中央全面依法治国工作会议上讲话时指出"网络犯罪已成为危害我国国家政治安全、网络安全、社会安全、经济安全等的重要风险之一"。

把社会安全和稳定相联系的表述有:2016年习近平总书记在省部级主要领导干部学习贯彻党的十八届五中全会精神专题研讨班上讲话指出"没有安全和稳定,一切都无从谈起";2021年,中央政治局召开会议审议《国家安全战略(2021—2025年)》时强调"要积极维护社会安全稳定,从源头上预防和减少社会矛盾,防范遏制重特大安全生产事故,提高食品药品等关系人民健康产品和服务的安全保障水平"等。党的二十大报告"国家安全"专章的一个亮点即强调国家安全和社会稳定不可分割的内在联系,"国家安全是民族复兴的根基,社会稳定是国家强盛的前提"的战略定位,把对两者关系的认识提升到一个新高度、新境界。至此可以看出,在时代话语体系下把握社会安全的内涵有着两重"关系"维度:一是在社会安全同国家安全的关系上,社会安全是国家安全的有机组成部分,也是国家安全的保障;二是在社会安全同社会稳定的关系上,社会安全与人民群众切身利益关系密切,是社会稳定的重要基础,动荡不安的社会显然没有稳定可言。

二、坚持以社会安全为保障建设更高水平的平安中国

党的二十大报告把"平安中国建设迈向更高水平"作为新时代 10 年的历史性成就和历史性变革之一，把"平安中国建设扎实推进"确定为未来 5 年主要目标任务的重要内容，并在"国家安全"专章指出"建设更高水平的平安中国"。推进更高水平的平安中国建设成为新征程上坚决维护国家安全和社会稳定的一项重大战略任务，毫无疑问，社会安全是题中之义，只有社会更安定、人民更安宁、基础更安稳才能为推进中国式现代化营造更加安全稳定的社会环境。

平安中国与社会安全息息相关。平安是民之所盼，发展之基。习近平总书记指出："平安是老百姓解决温饱后的第一需求，是极重要的民生，也是最基本的发展环境。"进入新时代，我国社会主要矛盾转化为人民日益增长的美好生活需要和不平衡不充分的发展之间的矛盾，人民群众对过上美好生活有了新的期待，相应会对社会安全有更高的标准。从历史纵向看，党领导中国人民创造了经济快速发展和社会长期稳定"两大奇迹"，我国成为世界上最具安全感的国家之一，"平安中国"已成为一张靓丽的国家名片。从未来发展看，高质量发展必然对安全提出更高水平的要求，推进更高水平的平安中国建设要以维护社会治安稳定，保障人民群众生命财产安全，巩固国家政权，促进经济社会持续健康发展为目标。社会稳定是改革发展的前提，建设更高水平的平安中国必须筑牢安全屏障，确保社会大局持续安全稳定。

充分发挥社会安全的保障功能。在总体国家安全观"五大要素"中，社会安全与军事、科技、文化安全共同构成国家安全的重要保障。这里的"保障"主要指使国家安全及维护国家安全的能力实现持续发展和稳定的状态。如果说军事更多表现为国家"硬实力"，科技和文化更多体现为一种"软实力"，那么社会安全则具有更明显的软硬结合的综合性。一方面，社

会安全连着千家万户，其构成最基本的民生，既是人民群众安全感、满意度的"晴雨表"，又是社会安定的"风向标"。另一方面，作为一个庞大复杂的非传统安全体系，社会安全涉及族群、城镇、乡村、社区、街巷、民宅、居民安全等诸多构成要素，以及打击违法犯罪、维护稳定、社会治理、公共服务等各方面，这些都同人民群众切身利益直接相关，往往牵一发而动全身，形成风险交织耦合效应。因此必须清醒认识社会安全在构建新发展格局中的基础性作用，充分发挥社会安全的保障功能。

夯实维护社会安全的基层基础。党的二十大报告强调"夯实国家安全和社会稳定基层基础"，这一要求当然适用于与基层基础联系紧密的社会安全。基础不牢，地动山摇，"基层基础"在推进中国式现代化进程中发挥着社会治理功能。二十届中央国家安全委员会第一次会议强调"更加注重协同高效、法治思维、科技赋能、基层基础，推动各方面建设有机衔接、联动集成"。可见新时代社会安全语境下基层基础与法治、科技等方面相融相通，成为打造高水平安全的坚定保障。其一，要把夯实基层基础放到维护社会安全的核心位置，站稳以人民为中心的根本立场，一切为了人民，一切依靠人民，把以人民安全为宗旨和维护社会安全有机结合起来，把人民群众作为国家安全和社会稳定的基础性力量；其二，要坚持以改革创新为驱动力，增强法治思维，提高基层运用科技手段维护社会安全的能力，防范化解社会领域重大安全风险。

三、贯彻总体国家安全观切实增强维护社会安全能力

党的二十大报告指出："必须坚定不移贯彻总体国家安全观，把维护国家安全贯穿党和国家工作各方面全过程，确保国家安全和社会稳定。""各方面全过程"肯定包括维护社会安全，而总体国家安全观则是新时代新征程维护社会安全的根本遵循和行动指南。为此，要在国家安

全体系和能力现代化建设中更好统筹发展和安全，在高质量发展中更多考虑安全因素，不断提升维护社会安全能力，为构建新发展格局营造良好社会保障环境。

坚持系统观念底线思维。总体国家安全观突出"大安全"理念，蕴含丰富的哲理思维，其中与维护社会安全最为关切的是系统观念和底线思维。系统观念强调从整体、动态角度出发看问题，关注整体与部分间的相互关系、相互作用及未来发展变化。当前我国已进入风险社会，社会安全风险日趋复杂化、多样化，其不确定性也愈发明显。以电信网络诈骗为代表的新型网络犯罪为例，这是信息网络条件下社会安全面临的新挑战，严重威胁人民安全，又与经济安全、网络安全、数据安全等问题交织叠加，进而形成安全风险综合体。因此必须坚持以总体国家安全观为指导，在维护社会安全过程中更加注重协同高效，以系统思维加强风险综合研判和统筹应对。同时从最坏处打算，做最充分准备，把握安全风险演化的"底层逻辑"，牢牢掌握工作主动权。社会安全风险往往源自基层，必然要运用底线思维将其防范化解在基层、消除于萌芽，只有这样才能争取最好结果。

提高公共安全治理水平。习近平总书记指出："公共安全连着千家万户，确保公共安全事关人民群众生命财产安全，事关改革发展稳定大局。"可见公共安全与经济社会发展密切关联，其同社会治理一起构成维护社会安全的有力抓手。党的二十大报告"国家安全"专章对"提高公共安全治理水平"作出决策部署，站在全局高度把应急管理纳入国家安全体系，为新时代新征程从公共安全治理角度维护社会安全明确了目标路径。一方面，要立足于主动性、前瞻性和预见性，树立大安全大应急理念，推动公共安全治理模式由事后处置为主向超前化的事前预防转型，不断提升社会安全韧性水平。另一方面，要聚焦食品药品、生态环境、生物安全、信息网络等重点领域，强化监管，推进安全生产风险专项整治，持续降低安全风险隐患，守牢安全生产底线，还要提高防灾减灾救灾和重大突发公共事件处置保障能力，加强国家区域应急力量建设。

健全完善社会治理体系。维护社会安全必须加强和创新社会治理，推动社会治理体系迈向健全完善。对此，党的二十大报告"国家安全"专章对社会治理作出新的战略定位，把"完善社会治理体系"作为推进国家安全体系和能力现代化的一项重要任务。总的来看，维护社会安全要树立大抓基层、大抓基础的鲜明导向，把"四个治理"贯穿维护社会安全各层面各环节。一是要推进系统治理，激活基层社会治理共同体，健全共建共治共享社会治理制度，切实提升社会治理效能。二是要推进依法治理，运用法治思维和法治方式防范化解社会风险，常态化推动扫黑除恶斗争，提高市域社会治理能力。三是要推进综合治理，完善网格化管理、精细化服务、信息化支撑的基层治理平台，增强社会治安整体防控能力。四是要推进源头治理，坚持和发展新时代"枫桥经验"，畅通和规范人民群众的诉求表达、利益协调和权益保障通道，提高正确处理各种社会矛盾的能力。

新时代新征程，只有坚持以总体国家安全观为指导，深刻认识社会安全的"两重属性"，才能在推进中国式现代化的宏大场景中更好维护社会安全，不断提升人民群众安全感、满意度，夯实以新安全格局保障新发展格局的社会基础，确保国家安全和社会稳定。

第四节　从战略和全局高度加强国家安全教育

党的二十大报告在国家安全专章中强调"全面加强国家安全教育""增强全民国家安全意识和素养，筑牢国家安全人民防线"，同时在"实施科教兴国战略"部分指出"教育、科技、人才是全面建设社会主义现代化国家的基础性、战略性支撑"。这些重要论述清楚表明，新时代新征程上国家安全教育的重要性。只有坚持总体国家安全观，深入开展全民国家安全教育，才能夯实推进国家安全体系和能力现代化的教育发展之基，切实维护国家安全和社会稳定。

一、深刻认识国家安全教育的重大时代意义

百年大计，教育为本。当前，我国国家安全形势严峻复杂，外部压力前所未有，传统安全威胁和非传统安全威胁交织叠加，"黑天鹅""灰犀牛"事件随时可能发生。随着国家安全内涵外延、时空领域、内外因素发生深刻变化，我国已经迈入"大安全"时代，只有开展广泛而深入的国家安全教育，才能增强广大干部群众国家安全意识，把总体国家安全观内化于心、外化于行。

国家安全教育是坚定不移贯彻总体国家安全观的时代之需。作为我们党历史上第一个被确立为国家安全工作指导思想的重大战略思想，总体国家安全观是马克思主义国家安全理论中国化的最新成果，是习近平新时代中国特色社会主义思想的重要组成部分，是新时代国家安全工作的根本遵循和行动指南，必须深刻领会、长期坚持。党的二十大报告指出"必须坚定不移贯彻总体国家安全观，把维护国家安全贯穿党和国家工作各方面全过程，确保国家安全和社会稳定"，要使贯彻落实总体国家安全观取得实效，就必须把国家安全教育作为党和国家一项长期性、战略性、基础性工程，充分发挥国家安全教育在维护国家安全和社会稳定中的主阵地作用，并随着总体国家安全观战略思想体系的不断丰富发展，与时俱进优化完善贯彻总体国家安全观体制机制和路径。

国家安全教育是提高全民国家安全意识和素养的根本之举。针对"国家安全意识"，中国特色国家安全话语体系中多有相关表述。除党的二十大报告论述外，2014年，中央政治局进行第十四次集体学习时，习近平总书记强调"要加强对人民群众的国家安全教育，提高全民国家安全意

识";2016年,中央政治局召开会议审议通过《关于加强国家安全工作的意见》,强调"必须开展国家安全宣传教育,增强全社会国家安全意识";2017年,党的十九大报告指出"加强国家安全教育,增强全党全国人民国家安全意识";2018年,习近平总书记在十九届中央国家安全委员会第一次会议上强调,要切实做好"增强国家安全意识等方面工作"等。通过这些重要论述可以看到,"国家安全意识"常与"国家安全教育"连在一起,国家安全教育无疑构成实现提高全民国家安全意识和素养目标、增强人民群众对国家安全认同与支持的重要方式之一。

国家安全教育是增强国家安全普及宣传效果的必然之策。长期以来,不少人都觉得国家安全事不关己,离自己非常遥远,即便谈及国家安全,也往往将其与反奸防谍、军事安全、国土安全、维稳处突等方面联系起来。事实上,新时代的国家安全概念发生了深刻变化,国家安全已经成为一个复杂开放的"巨系统",其既包括政治、军事、国土等传统安全领域,又涵盖经济、文化、社会、科技、网络、生态、资源、核、海外利益,以及太空、深海、极地、生物、人工智能、数据等诸多非传统安全领域。对国家安全的认识,早已不囿于传统的"小安全",而是必须在系统思维下树立"大安全"理念,构建"大安全"格局。当然,准确认识国家安全不是一蹴而就的,需要通过推动国家安全宣传教育常态化和全覆盖,向社会公众广泛传播国家安全知识,不断增强国家安全普及宣传实效,夯实国家安全和社会稳定的基层基础。

二、切实推进国家安全教育走深走实走细

新时代新征程推进国家安全体系和能力现代化,不仅要在战略谋划、顶层设计、制度建设、机制健全等方面发力,也要通过全面加强国家安全教育,推动国家安全工作深入基层、深入群众、深入学生。只有聚焦全面

贯彻总体国家安全观，着眼特点、把握重点，分类分层开展国家安全教育，才能做到精准施教、提质增效，不断推进新时代国家安全教育往深处走、往实处去、往细处落。

一是用好全民国家安全教育日，加强国家安全"社会教育"。2015年，全国人大常委会表决通过《国家安全法》，将每年4月15日确定为"全民国家安全教育日"，这充分显示出对国家安全社会教育的高度重视。2016年，习近平总书记在首个全民国家安全教育日之际作出重要指示，强调"要以设立全民国家安全教育日为契机，以总体国家安全观为指导，全面实施国家安全法，深入开展国家安全宣传教育，切实增强全民国家安全意识"。党的二十大报告以战略思维布局国家安全，进一步彰显出国家安全的重要性，强调"国家安全是民族复兴的根基，社会稳定是国家强盛的前提"。国家安全不仅事关国家政权、主权、统一和领土完整、人民福祉、经济社会可持续发展等国家重大利益，也关乎每个公民的切身利益，国家安全无小事，维护国家安全人人有责。要牢固树立总体国家安全观，一切为了人民、一切依靠人民，把贯彻总体国家安全观作为核心内容，通过多种形式开展国家安全宣传教育，提高全民国家安全意识，动员全党全社会形成合力，汇聚起维护国家安全的强大力量。

二是建设好国家安全通识课程，做实国家安全"基础教育"。所谓"基础教育"，是指面向学校学生的国家安全通识教育，目的在于落实立德树人根本任务，提升学生国家安全意识和维护国家安全能力，强化责任担当，培养德智体美全面发展的社会主义建设者和接班人、担当民族复兴大任的时代新人。为贯彻十九大精神和总体国家安全观，2018年教育部印发《关于加强大中小学国家安全教育的实施意见》（以下简称《实施意见》），要求各地学校结合教育系统实际，做好大中小学国家安全教育工作，使广大学生牢固树立国家安全意识。2020年，教育部又发布《大中小学国家安全教育指导纲要》，就指导大中小学系统、规范、科学地开展国家安全教育提出具体要求，并梳理出各学段国家安全教育知识要点。教育高质量发展关键在课程，对于国家安全基础教育要从教学内容、教材研发、教学方法、教学资源、师资队伍、教学评价等方面着力，推动国家安全通识课程高质量建设，使学生深入理解和准确把握总体国家安全观，增强自觉维护国家安全意识。同时，通过专题教育、融入各学科专业教育教学、发挥校园文化作用、充分利用社会资源等多种途径，把国家安全教育融入教育教学各层面、贯穿人才培养全过程，不断增强育人实效。

三是推进国家安全学学科建设，抓好国家安全"专业教育"。开创新时代国家安全现代化新局面，贵在得人。随着总体国家安全观提出和丰富发展，以及国家对高层次国家安全人才的迫切需求，国家安全学学科建设条件日臻成熟。2018年，《实施意见》把"推动国家安全学学科建设"作为一项重点任务，提出设立国家安全学一级学科，依托普通高校和职业院校现有相关学科专业开展国家安全专业人才培养；同年，教育部、财政部、国家发展改革委共同发布《关于高等学校加快"双一流"建设的指导意见》，提出"加强国家战略、国家安全、国际组织等相关急需学科专业人才的培养"。十九届五中全会提出加强国家安全体系和能力建设，健全国家安全人才体系。2020年，国务院学位委员会决定设置"交叉学科"门类，"国家安全学"成为门类下设的一级学科。2024年，国务院学位委员会第八届学科评议组、全国专业学位研究生教育指导委员会编修了《研究生教育学科专业简介及其学位基本要求》，对国家安全学科概况、学科内涵、学科范围、培养目标、相关学科等作出了明确规定。这些无疑为国家安全专业教育提供了坚实的政策保障，要在总体国家安全观指引下，加快构建中国特色国家安全人才培养体系，以及国家安全学学科体系、学术体系和话语体系，着力推进国家安全学学科建设，为维护国家安全提供强大人才支撑和智力支持。

三、不断强化国家安全教育的政策制度保障

全面加强国家安全教育需要从政策制度、经费投入、师资队伍等多方面提供有力保障,其中尤以政策制度保障最为重要。随着社会主义法治国家建设深入推进,全面依法治国总体格局基本形成,法治无疑是制度之治最基本、最稳定、最可靠的保障,只有及时把稳定成熟的政策转化为法律,才能更好发挥法治在国家安全教育中"固根本、稳预期、利长远"的保障作用。

一是落实国家安全政策制度规定。国家安全是一个战略问题,国家安全教育在国家安全战略中多有呈现。2015年,中央政治局召开会议审议通过《国家安全战略纲要》,会议强调"要加强国家安全意识教育";2021年,中央政治局召开会议审议《国家安全战略(2021—2025年)》,会议再次强调加强国家安全意识教育。对于国家安全教育的重视,同样体现在国家安全法律中,如"教育"一词在《国家安全法》中出现了六次,法律明确规定国家通过多种形式开展国家安全宣传教育活动,将国家安全教育纳入国民教育体系和公务员教育培训体系,增强全民国家安全意识;《香港特别行政区维护国家安全法》规定,香港特别行政区应当通过学校、社会团体、媒体、网络等开展国家安全教育,提高香港特别行政区居民的国家安全意识和守法意识;《生物安全法》规定,科研院校、医疗机构等企事业单位应当将生物安全法律法规和生物安全知识纳入教育培训内容,加强学生、从业人员生物安全意识和伦理意识的培养。毫无疑问,法律规定充分体现了战略要求,只有不折不扣将战略落实到位、把制度执行到位,才能从全面性、系统性、整体性意义上实现"增强全民国家安全意识和素养"的国家安全教育目标。

二是完善国家安全教育法律制度。党的十八大以来,在党中央集中统一领导下,我国国家安全立法进展显著,基本形成了与我国战略安全环境

相适应的国家安全法律制度体系。在这一法律制度体系中，以国家安全法为统领、重点单行法为支撑，国家安全"基本法"与"单行法"并立，为维护国家安全提供了制度性保障。但是，在国家安全教育领域，除《国家安全法》《反恐怖主义法》《网络安全法》《生物安全法》《香港特别行政区维护国家安全法》《数据安全法》等法律中有一些原则性的零散规定，以及《国防教育法》就普及和加强国防教育作出专门规定外，目前我国还没有独立完整的国家安全教育法。国家安全教育法无疑是中国特色国家安全法律体系的重要组成部分，要坚持以习近平法治思想和总体国家安全观为指导，吸收借鉴国外相关立法经验，按照"大安全"理念要求，整合细化国家安全教育法律规范，加快制定国家安全教育专门性法律制度，以更好保障国家安全教育全面推进。

三是构建国家安全教育法治体系。党的二十大报告强调"健全国家安全体系""完善国家安全法治体系"，到2035年实现"国家安全体系和能力全面加强"的总体目标。国家安全教育法治体系既是国家安全体系的有机组成部分，也是中国特色社会主义法治体系、国家安全法治体系的应有之义，其既包括科学立法，也包括严格执法、公正司法和全民守法。总体国家安全观的核心要义之一即"坚持推进国家安全体系和能力现代化，坚持以改革创新为动力，加强法治思维，构建系统完备、科学规范、运行有效的国家安全制度体系"。这一重要论述与作为全面依法治国"总抓手"的"坚持建设中国特色社会主义法治体系"高度契合、一脉相通，也充分说明包括国家安全教育在内的国家安全法治体系建设是一项系统工程，必须注重系统性、规范性、协同性，在形成完备的国家安全教育法律规范体系基础上，同步构建高效的法治实施体系、严密的法治监督体系、有力的法治保障体系，确保始终在法治轨道上全面加强国家安全教育。

第五节 认识和把握"极限思维"的维度

2023年5月30日,习近平总书记主持召开二十届中央国家安全委员会第一次会议时强调:"当前我们所面临的国家安全问题的复杂程度、艰巨程度明显加大。国家安全战线要树立战略自信、坚定必胜信心,充分看到自身优势和有利条件。要坚持底线思维和极限思维,准备经受风高浪急甚至惊涛骇浪的重大考验。"其中,"极限思维"的表述系习近平总书记首次创造性提出,将其与底线思维并列起来,拓展了总体国家安全观的思维方法,是在清醒认识和准确把握国家安全形势新变化基础上,对总体国家安全观的进一步丰富发展,具有重大理论意义和实践意义。

一、在风高浪急和惊涛骇浪的考验中把握"极限思维"

"极限思维"的提出有着现实而深刻的时代背景。二十届中央国家安全委员会第一次会议针对当前国家安全问题提出其"复杂程度、艰巨程度明显加大",并强调既要树立信心、看到优势,又要经受风高浪急和惊涛骇浪的重大考验,这些重要论述集中反映出坚持极限思维所面临的世界之变、时代之变、历史之变。

首先,我们党在中华民族伟大复兴战略全局和世界百年未有之大变局相互激荡、相互影响的大背景下,对当前和今后一个时期机遇与挑战认识的深化,需要运用极限思维进行分析把握。习近平总书记曾指出,"我国发展仍然处于重要战略机遇期,但机遇和挑战都有新的发展变化",而机遇与挑战变化的具体情形在于"过去我们是顺势而上,机遇比较好把握;现在要顶风而上,把握机遇的难度就不一样了。过去大环境相对平稳,风险挑战比较容易看清楚;现在世界形势动荡复杂,地缘政治挑战风高浪急,暗礁和潜流又多，对应变能力提出了更高要求。过去我们发展水平低，同别人的互补性就多一些；现在我们发展水平提高了，同别人的竞争性就多起来了"。可见，新时代新征程把握机遇和应对挑战的难度同步增大，这需要我们运用极限思维谋划推进工作，把可能超出预期的极限情况主动考虑到，当极限情况发生时，必须撑得住、顶得住、扛得住。也正是在此意义上，中华民族伟大复兴绝对不是轻轻松松、敲锣打鼓就能实现的，必须准备为之付出更艰巨、更艰苦的努力，勇于进行具有许多新的历史特点的伟大斗争。

其次，面对风高浪急甚至惊涛骇浪必须运用极限思维加以应对。"风高浪急""惊涛骇浪"均是风险变化所呈现的阶段性特征，如果说风高浪急表现为风险之影响已经开始全面显现，那么惊涛骇浪则是对形势的一种最严峻判断，是风险影响最广泛、能量释放度最强烈的阶段。对于风高浪急和惊涛骇浪，在时代话语中多有论述。例如，2022 年，习近平总书记在省部级主要领导干部"学习习近平总书记重要讲话精神，迎接党的二十大"专题研讨班上强调，"十年来，我们遭遇的风险挑战风高浪急，有时甚至是惊涛骇浪；各种风险挑战接踵而至，其复杂性严峻性前所未有"；2023 年，党的二十届二中全会强调，"当前，世界百年未有之大变局加速演进，世界进入新的动荡变革期，我国发展进入战略机遇和风险挑战并存、不确定难预料因素增多的时期，必须准备经受风高浪急甚至惊涛骇浪的重大考验"；2023 年，习近平总书记在学习贯彻习近平新时代中国特色社会主义思想主题教育工作会议上指出，"前进道路上，必然会遇到大量从未出现过的全新课题、遭遇各种艰难险阻、经受许多风高浪急甚至惊涛骇浪的重大考验"等。既然惊涛骇浪是风险发展演变到的一个极限阶段，相应的就必须运用极限思维尽早做好充分准备、不断加强自身建设、切实提升承受能力，迎难而上、攻坚克难，奋力开创党和国家事业发展新局面。

最后，"重大考验"无疑有着结果意义上的高分和低分之别，此时必须运用不断突破自我、超越自我的极限思维，坚定信心、高瞻远瞩、审时度势，常常把自己推到没有退路的极限情况下来看问题、想问题，只有这样才能绝处逢生，才能"山重水复疑无路，柳暗花明又一村"，最终在风高浪急和惊涛骇浪的重大考验中拿下高分，取得胜利。

二、在底线思维和极限思维的关系中把握"极限思维"

底线思维是总体国家安全观内蕴的思维方法之一，其充满了深邃的哲学智慧，体现了唯物辩证法的基本原理，在新时代国家安全话语体系中多有呈现。2019年，习近平总书记在省部级主要领导干部坚持底线思维着力防范化解重大风险专题研讨班开班式上强调："坚持底线思维，增强忧患意识，提高防控能力，着力防范化解重大风险，保持经济持续健康发展和社会大局稳定。"2020年，中央经济工作会议指出："要办好自己的事，坚持底线思维，提高风险预见预判能力，严密防范各种风险挑战。"2021年，习近平总书记主持召开中央全面深化改革委员会第二十次会议时强调："要强化底线思维，有效防范应对重点领域潜在风险，守住新发展格局的安全底线。"党的二十大报告指出："我们必须增强忧患意识，坚持底线思维，做到居安思危、未雨绸缪，准备经受风高浪急甚至惊涛骇浪的重大考验。"不难看到，这些重要论述都没有把底线思维同极限思维相并列，这也说明极限思维确实是一种不同于底线思维的思维方法。

对于底线思维，习近平总书记曾作过深刻阐述："要善于运用'底线思维'的方法，凡事从坏处准备，努力争取最好的结果，这样才能有备无患、遇事不慌，牢牢把握主动权。"可见，底线思维是在忧患意识、风险意识下设定最低限度的目标，以寻求风险最小化或维护最小收益的思维方法，其更多考虑的是作为最低下限的"底线"。"底线"即为一条不可逾越的"下限""红线""警戒线"，因此可以说底线思维是一种非常典型的防守型思维。与之相反，极限思维与数学和物理学的极限思想相关，是一种从更深、更宽、更广的角度思考和把握问题的思维方法，其必须充分考虑并承受作为上限的最极端状况、最恶劣局面、最坏的结果。在矛盾运动转化意义上，"极限"与"底线"存在着相互转化关系，极限很多时候表现为突破底线后无路可退的强势反弹。也正是基于此，极限思维意味着通过主动反击，积极寻求机会迎接挑战或追求更大的收益，因此与底线思维呈现的防守性不同，极限思维更加强调转守为攻的进攻型思维。

细加比较，两种思维方法在目标导向、动力源头、适用情形、挑战程度等方面均存在着明显的差异。在目标导向上，底线思维更趋保守稳妥，强调在捍卫底线前提下尽可能实现目标，极限思维则强调将自身潜能发挥到极致，达到自我的极限。在动力源头上，底线思维更多依赖于目标任务、制度规范等外部的压力，而极限思维则主要由自我激励、自我实现等内部动力驱动。在适用情形上，底线思维一般适用于求稳求全的情形，而极限思维则更适用于创新进取的场合。在挑战程度上，底线思维面临的挑战程度相对较低，而极限思维的挑战程度则更高，往往伴随着快速反应和高强度运动。

当然，不管是底线思维抑或是极限思维，都有其自身的优点和局限，没有底线意味着原则性缺失，如果仅有底线而没有极限则难免遭受更多的外来打压和欺凌，因此只有在总体国家安全观指导下，根据国家安全形势变化新特点新趋势灵活运用方是最佳选择。当前，面对复杂程度、艰巨程度明显加大的各种国家安全问题，两种思维方法相辅相成、相互补充、相得益彰，在新时代新征程更加深刻地体现了马克思主义唯物辩证法的独特魅力。

三、在总体国家安全观的丰富发展中把握"极限思维"

作为新时代国家安全工作的根本遵循和行动指南，总体国家安全观既是马克思主义国家安全理论中国化的最新成果，也在维护和塑造国家安全的实践中不断丰富发展。党的二十大报告在论及新时代中国特色社会主义思想的世界观和方法论时指出："不断提高战略思维、历史思维、辩证思维、系统思维、创新思维、法治思维、底线思维能力，为前瞻性思考、全局性谋划、整体性推进党和国家各项事业提供科学思想方法。"实际上，这些思维方法都从不同层面体现于总体国家安全观丰富发展的生动实践中。习近平总书记在二十届中央国安委第一次会议上提出"极限思维"，可以说是在方法论意义上对总体国家安全观所蕴含深刻思维方法的再提炼、再深化、再发展，把我们党对国家安全基本规律的认识提升到新境界、新高度、新水平。

运用极限思维深化对国家安全体系的认识。党的二十大报告强调推进国家安全体系和能力现代化，坚决维护国家安全和社会稳定，而在"国家安全"专章涉及十二类体系，包括若干国家安全重点领域和重大事项。实际上，早在2014年习近平总书记在中央国家安全委员会第一次会议上首次提出总体国家安全观时，就强调要构建集政治安全、国土安全、军事安全、经济安全、文化安全、社会安全、科技安全、信息安全、生态安全、资源安全、核安全等于一体的国家安全体系，其中涉及的十一个重点领域后来不断向非传统安全、新型领域安全拓展，形成了当前的国家安全重点领域。如果运用极限思维加以分析，国家安全重点领域的不断增多表征着领域"安全化"意义上的新发展及可能达到的极限，随着国家安全形势发展变化，我国国家安全内涵外延更加丰富、时空领域更加宽广、内外因素更加复杂，对国家安全领域和重大事项的认识亦应不断深化，此时必须在忧患意识下提高维护和塑造国家安全的前瞻性、预见性，主动迎接新问题、新挑战。而在这个意义上，总体国家安全观的开放性和包容性与极限思维可谓彼此契合、原理相通。

运用极限思维统筹发展和安全。安全是发展的前提，发展是安全的保障，新时代新征程维护和塑造国家安全必须统筹发展和安全。党的十九大报告首次把统筹发展和安全上升为党治国理政的重大原则；党的十九届五中全会对统筹发展和安全作出战略部署，并将其作为十四五时期我国经济社会发展指导思想；党的二十大报告三次提及统筹发展和安全，高度重视统筹发展和安全两件大事。在极限思维下，统筹发展和安全不应按部就班、原地踏步，应当在原有基础上有新的突破、新的提升、新的超越。申言之，发展一定是新发展语境下的"高质量发展"，而安全则是能够有效保障新发展格局的"高水平安全""新安全格局"。因此，在贯彻新发展理念推进高质量发展过程中必须最大限度考虑安全因素，实现高质量发展和高水平安全动态平衡、良性互动，同时要最大限度利用自身优势和有利条件积极进取、开拓创新，充分激发高质量发展的内生动力，还要把握主动，塑造有利外部安全环境，更好维护开放安全，推动实现发展和安全深度融合。

运用极限思维统筹推进各领域安全。总体国家安全观关键在"总体"，突出了"大安全"理念，这就需要在系统思维下进行科学统筹。从中央国家安全委员会第一次会议提出总体国家安全观的"五对关系"，到此后"五个统筹"及其发展变化，都说明统筹应对国家安全风险的重要性。在极限思维下，维护和塑造国家安全的统筹则集中表现在统筹范围和程度两个方面。在统筹范围上，必须最大限度拓宽视线边界关注到"各领域安全"而不能顾此失彼。要把国家安全贯穿党和国家工作各方面全过程，将其同经济社会发展一起谋划、一起部署，以系统思维构建大安全格局。党的二十大报告将国家安全和社会稳定相结合，也反映出新时代新征程推进国家安全体系和能力现代化过程中，维护国家安全和社会稳定两者都要照顾到，不可偏废其一。在统筹程度上，要通过统筹做到把重大安全风险化解在源头、消灭于萌芽，以最大程度防止各类风险演化升级。习近平总书记指出："我们要统筹国内国际两个大局、发展安全两件大事，既聚焦重点、又统揽全局，有效防范各类风险连锁联动。"因此，运用极限思维就要避免安全风险朝极限化方向发展"坐大成势"，由个别风险演化为综合风险、局部风险演化为区域性或系统性风险。

作为一个内容丰富、开放包容、不断发展的战略思想体系，总体国家安全观自创造性提出以来，就随着维护和塑造国家安全实践而不断丰富发展。二十届中央国家安全委员会第一次会议首次明确提出极限思维，无疑是党的二十大召开后对总体国家安全观又一次重要的丰富发展，与之前不同，这次丰富发展的原创性贡献更多体现在方法论上，为经受风高浪急甚至惊涛骇浪的重大考验提供了新的思维方法，必将引领开创新时代新征程国家安全现代化新局面。

结　　语

党的二十大报告对"国家安全"作出专章论述和战略部署,强调"必须坚定不移贯彻总体国家安全观,把维护国家安全贯穿党和国家工作各方面全过程,确保国家安全和社会稳定"。其中,"把维护国家安全贯穿党和国家工作各方面全过程"的重要论述,彰显了国家安全在党和国家事业发展战略全局中的极端重要性,深刻反映出新时代新征程维护国家安全的全局性主动及其行动逻辑。我们应坚持以总体国家安全观为指引,从高度、广度、深度、厚度等四个维度把握这一重要论述的丰富内涵,确保国家安全和社会稳定。

一、国家安全的"高度":时代话语体系中的"各方面全过程"

梳理时代话语可知,把"各方面全过程"同国家安全相联系在党的二十大报告中并非首次出现。2020年12月,习近平总书记在中央政治局第二十六次集体学习时强调:"做好新时代国家安全工作,要坚持总体国家安全观,抓住和用好我国发展的重要战略机遇期,把国家安全贯穿到党和国家工作各方面全过程,同经济社会发展一起谋划、一起部署,坚持系统思维,构建大安全格局,促进国际安全和世界和平,为建设社会主义现代化国家提供坚强保障。"这次集体学习在总体国家安全观发展进程中十分重要,习近平总书记在主持学习时发表了重要讲话,提出贯彻总体国家安全观的"十个坚持",构成总体国家安全观的核心要义。集体学习对系统思维作了特别强调,系统思维亦称整体观、全局观,作为一种从整体和全局上把握问题的思维方式,系统思维尤为强调对事物内在结构及其各方面相互联系的高度关注。"把维护国家安全贯穿党和国家工作各方面全过程"的重要论述可以说正是系统思维、"大安全"理念的一种逻辑呈现,把国家安全"同经济社会发展一起谋划、一起部署""构建大安全格局"等论述也都清楚地说明了这一点。

与"各方面全过程"类似的重要论述还有,党的十九届五中全会指出:"把安全发展贯穿国家发展各领域和全过程,防范和化解影响我国现代化进程的各种风险,筑牢国家安全屏障";党的十九届六中全会指出:"党把安全发展贯穿国家发展各领域全过程,注重防范化解影响我国现代化进程的重大风险。"安全发展是统筹发展和安全这一治国理政重大原则的必然要求,其中同样蕴含着深刻的系统思维,之所以要将其贯穿国家发展各领域全过程,同我们在新时代面临的风险挑战越来越多、越来越复杂,有时甚至是惊涛骇浪密切相关,因此必须注重在发展过程中防范化解这些重大风险。

在新时代新征程上,"把维护国家安全贯穿党和国家工作各方面全过程"必须站在战略和全局高度,充分运用系统思维来把握国家安全。就国家安全的"地位"而言,从"保证国家安全是头等大事",到"国家安全是安邦定国的重要基石",再到党的二十大报告强调"国家安全是民族复兴的根基,社会稳定是国家强盛的前提",我们党对国家安全地位的认识不断深化,逐步提高到一个新境界、新高度,也正是国家安全地位之"高"决定了必须把维护国家安全贯穿党和国家工作各方面全过程。从国家安全"思想"而论,内蕴深刻系统思维、战略思维的总体国家安全观,着眼安全形势在新的历史时期的新变化、新特点、新趋势,把党的国家安全理论发展到系统完整的新高度,只有全面贯彻总体国家安全观,才能真正把维护国家安全贯穿党和国家工作各方面全过程。

二、国家安全的"广度":把维护国家安全贯穿党和国家工作各方面

"各方面"意即方方面面,其表征着把维护国家安全贯穿党和国家工作的广度。进入新时代,我国国家安全的内涵外延更加丰富,时空领域更加宽广,内外因素更加复杂,各种可以预料和难以预料的风险挑战接踵而至,其严峻性、复杂性前所未有,这些都决定了国家安全的"广度"。通过从思想到实践层面的系统认知、协调推进,方能把维护国家安全贯穿党和国家工作各方面。

一是总体国家安全观的"开放包容"。总体国家安全观从来不是封闭孤立的思想体系,相反其表现出明显的开放性、包容性,与国家安全"广度"日益增强高度契合。一方面,从2014年中央国家安全委员会第一次会议提出"五大要素""五对关系",到2020年党的中央政治局第二十六次集体学习提出"十个坚持",再到党的十九大、党的十九届六中全会、党的二十大强调"五个统筹",总体国家安全观内涵要义得以丰富和发展,为做好新时代国家安全工作提供了科学指南。另一方面,总体国家安全观的丰富发展又与维护国家主权、安全、发展利益的实践存在深刻的互动关系,总体国家安全观总是汲取实践养分不断向前发展,如疫情防控的人民战争、总体战、阻击战丰富了总体国家安全观有关人民安全、生物安全等方面的内容,又如中美战略竞争使总体国家安全观有关经济金融安全、科技安全、重要产业链供应链安全等方面内容不断丰富。

二是国家安全重点领域的"拓展性"。随着国际国内形势发生深刻复杂变化,我国发展面临一系列新问题、新挑战,国家安全重点领域亦随之而拓展,在总体国家安全观提出时,明确列举了十一个国家安全领域;党的十九届六中全会阐述新时代维护国家安全的历史性成就和历史性变革时,指出总体国家安全观涵盖政治、军事、国土、经济、文化、社会、科技、网络、生

态、资源、核、海外利益、太空、深海、极地、生物等诸多领域；之后，中央政治局审议《国家安全战略（2021—2025年）》时指出，要提升数据安全、人工智能安全等领域的治理能力；党的二十大报告在"国家安全"专章又强调了重大基础设施、粮食、能源资源、重要产业链供应链等多个领域安全。可见，国家安全重点领域的拓展，其既包括传统安全，又包括非传统安全领域，还涉及越来越多的新型领域安全，这同样集中体现了国家安全的"广度"。

三是维护国家安全方法上的"统筹"。在方法意义上，把维护国家安全贯穿党和国家工作各方面必须统筹好"各方面"，切忌"眉毛胡子一把抓"，作为我们党的一个科学方法论，统筹的哲学理据则是马克思主义辩证法。首先，国家安全各领域需统筹推进，特别是要统筹应对传统和非传统安全威胁，发挥国家安全工作协调机制作用，用好用足国家安全政策工具箱。其次，国家安全重大事项和重要工作需统筹协调，如党的十九大报告首次把统筹发展和安全上升为一个统领性原则；作为总体国家安全观内涵要义的"五个统筹"也直接体现了这一点，如统筹开放和安全、统筹维护和塑造国家安全等。最后，从世界范围看，安全问题更具"广度"，在推动构建人类命运共同体过程中，全球发展与安全同样需要各国一道合力统筹，近年来，我国先后提出全球发展倡议、全球安全倡议、全球文明倡议等"中国方案"，可以说正是从全球范围统筹发展和安全的生动呈现。

三、国家安全的"深度"：把维护国家安全贯穿党和国家工作全过程

所谓"全过程"，既是一个典型的时间概念，也内在地包含着空间与流程问题，如果说"各方面"更多是讲"横到边"，那么"全过程"则是"纵到底"问题，其更多涉及国家安全的"深度"。把维护国家安全贯穿党和国家工作全过程，通过总体国家安全观指引下的制度机制创新，使新时代国

家安全工作实现从分散到集中、从迟缓到高效、从被动到主动的历史性变革得以充分展现。

一是党对国家安全工作的领导越来越"实"。作为新时代国家安全的根本保证，党对国家安全工作的绝对领导有赖于国家安全领导体制的坚实保障。为此，党的十八届三中全会决定成立中央国家安全委员会；2014年1月，中央政治局召开会议研究决定中央国家安全委员会设置；同年4月15日，中央国家安全委员会第一次全体会议召开。设立中央国家安全委员会是完善集中统一、高效权威的国家安全领导体制的集中体现，对国家安全工作实现了更加有力的统领和协调，正如习近平总书记在党的十九届中央国家安全委员会第一次会议上所强调，中央国家安全委员会成立以来"解决了许多长期想解决而没有解决的难题，办成了许多过去想办而没有办成的大事，国家安全工作得到全面加强，牢牢掌握了维护国家安全的全局性主动"。2021年，党中央又出台《中国共产党领导国家安全工作条例》，系统回答了国家安全工作"谁来领导""领导什么""怎么领导"等一系列重大问题，从制度层面进一步强化了党对国家安全工作的绝对领导，这些无疑都体现了把党的领导贯穿国家安全工作各方面全过程，清晰反映出国家安全的"深度"。

二是维护国家安全的主体责任越来越"全"。随着"小安全"向"大安全"认识的拓宽与转变，维护国家安全不再仅仅是国家安全机关的职责，而是全党、全社会、全体公民的共同责任。《国家安全法》第11条规定，我国公民、一切国家机关和武装力量、各政党和各人民团体、企业事业组织和其他社会组织，都有维护国家安全的责任和义务。此外，2017年，中共中央办公厅发布《党委（党组）网络安全工作责任制实施办法》，明确党委（党组）领导班子、领导干部网络安全责任，标志着网络安全责任制正式建立；2018年，十九届中央国安委第一次会议审议通过《党委（党组）国家安全责任制规定》，明确了各级党委（党组）维护国家安全的主体责任，为其落实国家安全责任制提供了坚实制度保障。毫无疑问，维护国家安全主体责任的"全覆盖"有力推动了把维护国家安全贯穿党和国家工作"全过程"。

三是安全治理关口前移越来越强调"预防"。当前和今后一个时期，我国发展进入各种风险挑战不断积累甚至集中显露时期，各种风险相互交织、相互转化、相互作用形成复杂的风险链条。如果仍然采取事后处置、被动应对的安全治理模式，难免导致各种风险传导、叠加、演变、升级，从而使国家安全面临重大威胁。此时安全治理必须作出过程性前移，即由事后处置向事前研判、从被动应对向主动预防转变。党的二十大报告"国家安全"专章多处涉及防范化解重大风险的论述，如完善"风险监测预警体系"，"提高防范化解重大风险能力，严密防范系统性安全风险"，"推动公共安全治理模式向事前预防转型"等皆如此。这些无疑是对总体国家安全观核心要义"坚持把防范化解国家安全风险摆在突出位置"这一中心任务的贯彻落实，只有坚持底线思维，预防为主、见微知著，才能提高预见预判能力，把重大风险隐患发现和处置于萌芽状态。

四、国家安全的"厚度"：夯实国家安全和社会稳定基层基础

国家安全的"高度""广度""深度"决定了把维护国家安全贯穿党和国家工作各方面全过程，必须要以厚实的基层基础为支撑。基础不牢，地动山摇，根基稳固，方能人贤楼高。党的二十大报告强调，推进国家安全体系和能力现代化，要"坚持以人民安全为宗旨""夯实国家安全和社会稳定基层基础"。只有牢牢站稳维护国家安全的人民立场，夯实以新安全格局保障新发展格局的社会基础，才能固本强基、厚积薄发，真正实现国家安全和社会稳定。

一方面，要始终坚持以人民安全为宗旨。党的二十大报告指出："江山就是人民，人民就是江山"；"我们要实现好、维护好、发展好最广大人民

根本利益"。可以说，人民构成了维护国家安全和社会稳定的基本面，坚持以人民安全为宗旨是新时代国家安全的根本立场。党的二十大报告"国家安全"专章特别指出，要提高公共安全治理水平、完善社会治理体系，这些均与人民群众追求国泰民安的最基本、最普遍愿望息息相关。而党的二十大报告之所以要把维护国家安全和社会稳定联系起来，一个很重要的原因就是无论国家安全还是社会稳定，都依赖于坚实的基层基础，这也更加深刻地体现出坚持以人民安全为宗旨这一总体国家安全观精髓要义的特殊重要性。要坚持以人民为中心，国家安全一切为了人民，切实维护广大人民群众的安全权益，保证人民群众安居乐业，提升人民群众获得感、幸福感、安全感。还要坚持国家安全一切依靠人民，把专门工作和群众路线有机结合起来，始终把人民作为维护国家安全的基础性力量，汇聚起维护国家安全的磅礴伟力，切实筑牢国家安全人民防线。

另一方面，要不断夯实以新安全格局保障新发展格局的社会基础。党的二十大报告国家安全专章强调，要"建设更高水平的平安中国，以新安全格局保障新发展格局"。进入新发展阶段，我国已经开启了高质量发展的新征程，必须完整、准确、全面贯彻新发展理念，而在这个过程中，人民群众对安全的期望值越来越高，对安全的需求也日渐走向具体化、多样化，高质量发展必然是以高水平安全为保障的新发展。新时代我国社会主要矛盾转化为人民日益增长的美好生活需要和不平衡不充分的发展之间的矛盾，人民群众对美好生活的向往更多地向安全、安居、安业、安康等方面延展，高水平安全也随之变得与高质量发展同等重要，由此必须把安全发展贯穿中国式现代化建设各方面全过程，在发展过程中更多考虑安全因素，通过动态平衡发展和安全的关系，努力实现高质量发展和高水平安全良性互动。要统筹好发展和安全两件大事，坚持发展和安全并重，在安全发展理念下进一步加固基层基础，充分发挥基层基础在构建新安全格局中的关键作用，守住新发展格局的安全底线。

参 考 文 献

[1] 中共中央党史和文献研究院编:《习近平关于总体国家安全观论述摘编》,北京:中央文献出版社,2018年。

[2] 中共中央宣传部、中央国家安全委员会办公室编:《总体国家安全观学习纲要》,北京:学习出版社、人民出版社,2022年。

[3] 中共中央党史和文献研究院编:《习近平关于防范风险挑战、应对突发事件论述摘编》,北京:中央文献出版社,2020年。

[4] 中共中央宣传部、中央全面依法治国委员会办公室编:《习近平法治思想学习纲要》,北京:人民出版社、学习出版社,2021年。

[5] 中共中央宣传部、中华人民共和国外交部编:《习近平外交思想学习纲要》,北京:人民出版社、学习出版社,2021年。

[6] 中共中央宣传部、国家发展和改革委员会编:《习近平经济思想学习纲要》,北京:人民出版社、学习出版社,2022年。

[7] 中共中央宣传部、中央军委政治工作部编:《习近平强军思想学习问答》,北京:人民出版社、解放军出版社,2022年。

[8] 中共中央宣传部、中华人民共和国生态环境部编:《习近平生态文明思想学习纲要》,北京:学习出版社、人民出版社,2022年。

[9] 习近平:《习近平谈治国理政》(第一卷),北京:外文出版社,2018年。

[10] 习近平:《习近平谈治国理政》(第二卷),北京:外文出版社,2017年。

[11] 习近平:《习近平谈治国理政》(第三卷),北京:外文出版社,2020年。

[12] 习近平:《习近平谈治国理政》(第四卷),北京:外文出版社,2022年。

[13] 中共中央党史和文献研究院编:《习近平关于中国式现代化论述摘编》,北京:中央文献出版社,2023年。

[14] 习近平:《论坚持推动构建人类命运共同体》,北京:中央文献出版社,2018年。

[15] 习近平:《论坚持全面依法治国》,北京:中央文献出版社,2020年。

[16] 习近平:《论中国共产党历史》,北京:中央文献出版社,2021年。

[17] 习近平:《论把握新发展阶段、贯彻新发展理念、构建新发展格局》,北京:中央文献出版社,2021年。

[18] 习近平:《决胜全面建成小康社会 夺取新时代中国特色社会主义伟大胜利:在中国共产党第十九次全国代表大会上的报告》,北京:人民出版社,2017年。

[19]《中共中央关于坚持和完善中国特色社会主义制度 推进国家治理体系和治理能力现代化若干重大问题的决定》,北京:人民出版社,2019年。

[20]《中共中央关于制定国民经济和社会发展第十四个五年规划和二〇三五年远景目标的建议》，北京：人民出版社，2020 年。

[21]《中共中央关于党的百年奋斗重大成就和历史经验的决议》，北京：人民出版社，2021 年。

[22] 习近平：《在庆祝中国共产党成立 100 周年大会上的讲话》，北京：人民出版社，2021 年。

[23] 习近平：《高举中国特色社会主义伟大旗帜 为全面建设社会主义现代化国家而团结奋斗：在中国共产党第二十次全国代表大会上的报告》，北京：人民出版社，2022 年。

[24] 中共中央宣传部编：《习近平新时代中国特色社会主义思想学习纲要》（2023 年版），北京：学习出版社、人民出版社，2023 年。

[25] 俞可平主编：《推进国家治理与社会治理现代化》，北京：当代中国出版社，2014 年。

[26] 江必新、王红霞：《国家治理现代化与社会治理》，北京：中国法制出版社，2016 年。

[27]《总体国家安全观干部读本》编委会编著：《总体国家安全观干部读本》，北京：人民出版社，2016 年。

[28] 李大光：《国家安全》，北京：中国言实出版社，2016 年。

[29] 王帆、卢静主编：《国际安全概论》（第二版），北京：中国人民大学出版社，2016 年。

[30] 金一南、王宝付等：《大国战略：世界视野下中国决策的历史依据、现实抉择及未来趋向》，北京：中国言实出版社，2017 年。

[31] 新华通讯社课题组编著：《习近平新闻舆论思想要论》，北京：新华出版社，2017 年。

[32] 赵建春：《中国国家治理现代化研究》，北京：经济管理出版社，2018 年。

[33] 张俊国、孙小利等：《中国共产党争取和维护国家利益的思想及实践》，北京：中国社会科学出版社，2018 年。

[34] 全国干部培训教材编审指导委员会编：《全面践行总体国家安全观》，北京：党建读物出版社、人民出版社，2019 年。

[35] 刘须宽：《国家治理体系和治理能力现代化》，北京：人民日报出版社，2019 年。

[36] 高宏存、刘小康主编：《大国治理现代化》，北京：红旗出版社，2019 年。

[37] 张远新、刘旭光等：《中国共产党国家安全思想研究》，上海：复旦大学出版社，2019 年。

[38] 张蕴岭主编：《百年大变局：世界与中国》，北京：中共中央党校出版社，2019 年。

[39] 樊鹏、田改伟等：《国家治理与制度安全新视野》，北京：中国社会科学出版社，2019 年。

[40] 本书编写组编：《防范化解重大风险战略解读》，北京：中共中央党校出版社，2019 年。

[41] 颜晓峰：《坚持底线思维 着力防范化解重大风险》，北京：东方出版社，2019 年。

[42] 刘跃进：《刘跃进国家安全文集》（上下册），北京：中国经济出版社，2020年。
[43] 杨开峰、何艳玲等：《中国之治：国家治理体系和治理能力现代化十五讲》，北京：中国人民大学出版社，2020年。
[44] 尚伟：《总体国家安全观》，北京：人民日报出版社，2020年。
[45] 侯娜、池志培：《总体国家安全观研究新探》，北京：中国商务出版社，2020年。
[46] 释清仁：《中国共产党国家安全战略思想研究》，北京：人民出版社，2020年。
[47] 《国家安全知识百问》编写组：《国家安全知识百问》，北京：人民出版社，2020年。
[48] 余潇枫主编：《非传统安全概论》（第三版），北京：北京大学出版社，2019年。
[49] 中共中央党校（国家行政学院）：《习近平新时代中国特色社会主义思想基本问题》，北京：中共中央党校出版社、人民出版社，2020年。
[50] 刘丹、何隆德主编：《防范化解重大风险研究》，北京：国家行政管理出版社，2020年。
[51] 罗峰、李琪等：《中国国家治理现代化的探索与实践》，上海：上海人民出版社，2021年。
[52] 冉昊：《国家治理与社会治理：历史比较、国际视野与现代化分析》，杭州：浙江大学出版社，2021年。
[53] 陈锡喜：《大变局下的国家治理：中国国家制度展开及战略思维》，桂林：广西师范大学出版社，2021年。
[54] 吴汉全：《话语体系初论》，北京：人民出版社，2021年。
[55] 贺耀敏：《中国话语体系的建构》，北京：中国人民大学出版社，2021年。
[56] 范维澄、陈长坤等编著：《国家安全科学导论》，北京：科学出版社，2021年。
[57] 钟开斌：《新时代防范化解重大风险基本问题研究》，北京：中共中央党校出版社，2021年。
[58] 洪向华主编：《完整准确全面贯彻新发展理念》，北京：人民出版社，2021年。
[59] 中国现代国际关系研究院：《百年变局与国家安全》，北京：时事出版社，2021年。
[60] 中国现代国际关系研究院：《历史与国家安全》，北京：时事出版社，2021年。
[61] 中国现代国际关系研究院：《大国兴衰与国家安全》，北京：时事出版社，2021年。
[62] 李大光：《国家安全教育通识课》，北京：北京时代华文书局，2021年。
[63] 王伟光、邓纯东等：《国家治理体系和治理能力现代化论》，桂林：广西师范大学出版社，2021年。
[64] 张希中、焦石文：《新时代大国治理论》，北京：中国社会科学出版社，2022年。
[65] 曹锦清、刘炳辉等：《百年变局与中国治理》，沈阳：辽宁人民出版社，2022年。
[66] 徐蓉：《坚持总体国家安全观》，北京：中共中央党校出版社，2022年。
[67] 王宏伟：《国家安全体系和能力现代化研究》，北京：中国人民大学出版社，2022年。
[68] 刘守英、范欣等：《中国式现代化》，北京：中国人民大学出版社，2022年。
[69] 任仲文编：《何为中国式现代化》，北京：人民日报出版社，2022年。

[70] 韩震：《大国博弈与未来世界：历史哲学视域中的国际关系》，北京：中共中央党校出版社，2022年。

[71] 马瑞映、杨松主编：《新时代高校国家安全教育通论》，北京：高等教育出版社，2022年。

[72]《党的二十大报告学习辅导百问》编写组编著：《党的二十大报告学习辅导百问》，北京：学习出版社、党建读物出版社，2022年。

[73] 中共中央党史和文献研究院：《中国共产党的一百年》，北京：中共党史出版社，2022年。

[74] 柳亦博：《"破"与"立"：国家治理话语体系的重构》，北京：中国社会科学出版社，2023年。

[75] 张飞岸：《话语：重塑中国认知》，北京：中国方正出版社，2023年。

[76] 总体国家安全观研究中心：《总体国家安全观透视：历史长河、全球视野、哲学思维》，北京：时事出版社，2023年。

[77] 赵磊：《国家安全学与总体国家安全观：对若干重点领域的思考》，北京：中国民主法制出版社，2023年。

[78] 中国法制出版社编：《国家安全法律政策全书：含法律、法规、司法解释及典型案例》，北京：中国法制出版社，2023年。

后　　记

本书是我近些年关注国家治理话语尤其是总体国家安全观所思所想的集合。尽管相较于战略全局性的总体国家安全观深邃的思想意蕴，这些内容更多只是一种政策性解读，还显得十分粗浅、稚嫩，但万事开头难，它们的形成也算是对自己的再次学术转型有了一个初步的交待。

回首自己的读书写作研究，有着三次很重要的转型，每次转型既是被动的，也是主动的。第一次是 2005 年 7 月法律硕士毕业后，我放弃了公务员岗位，转向民族法学（少数民族法制史方向）的博士阶段研究；第二次是 2011 年 7 月博士毕业后，我在跟随导师研习了三年的民族法学后，到公安院校教刑事诉讼法；第三次则是这次向国家安全学研究的转型。这或许是我人生中的最后一次转型。对于一个人来说，"转型"意味着"前功尽弃"，或多或少总会让人感到不舒服，甚至会伴随着痛苦的涅槃，其中难免有彷徨，有失落，想躺平，想放弃，好在最后我都克服了种种困难，坚持了下来。自博士毕业后到调入西南政法大学前，虽然我身在警院教学科研岗，但也因"人民警察＋人民教师"的特殊身份，在领导的信任和支持下干了不少体制内的"行政活儿"，表面看这些都跟学术无关，但于我而言，这些经历却有着特殊的意义，它使我熟悉了机关的基本运作、体制内的文风以及表述的"言简意赅"，或许这是在纯学术路上见不到的。所以，这段经历对我而言也是弥足珍贵的。

在本书形成过程中，我得到了太多领导、老师、同事、家人及亲朋好友的关心、支持和帮助，在此不一一列名，我在心中默默地感恩感谢。即便如此，也仍然要感谢"阿刚"兄为我作序，因为这让我的书由同窗好友作序的"传统"得到了延续。同时感谢刘晶老师和清华大学出版社对本书认真细致的编辑出版。本书的形成只是一个开始,也是我心中那个对国家安全学研究"三部曲"学术理想的第一步,未来山高路长,不管怎样,我都将继续秉持"谦虚做人,踏实做事"的座右铭努力前行。

谢 波

2023 年 11 月 15 日于重庆沙坪坝家中